부자학 교수가 제안하는
新한국의 부자들

부자학 교수가 제안하는
新한국의 부자들

초판 1쇄 인쇄 | 2011년 11월 30일
초판 1쇄 발행 | 2011년 12월 5일
지은이 | 한동철
펴낸이 | 박영욱
펴낸곳 | 북오션

경영총괄 | 정희숙
기획 · 진행 | 유나리
책임편집 | 이상모
편집 | 권기우 · 김지영
마케팅 | 최석진 · 박선영
표지 및 본문 디자인 | 최희선
디자인 | 서정희 · 박진희

외주스텝
종 이 | 페이퍼릿
인 쇄 | 정민문화사

주 소 | 서울시 마포구 서교동 468-2번지
이메일 | bookrose@naver.com
카페 | cafe.naver.com/bookrose
전 화 | 영업문의 : 02-322-6709   편집문의 : 02-325-5352
팩 스 | 02-3143-3964

출판신고번호 | 제313-2007-000197호
ISBN 978-89-93662-54-2 03320

「이 도서의 국립중앙도서관 출판시도서목록(CIP)은 e-CIP홈페이지(http://www.nl.go.kr/ecip)
와 국가자료공동목록시스템(http://www.nl.go.kr/kolisnet)에서 이용하실 수 있습니다.
(CIP제어번호: CIP2011004862)」

부자학 교수가 제안하는
新한국의 부자들

● 한동철 지음

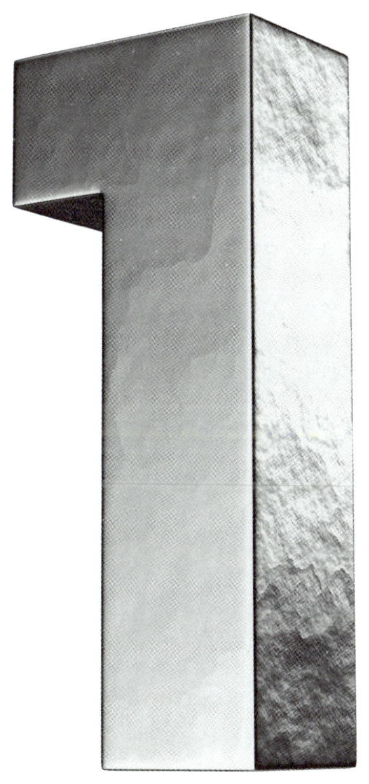

북오션

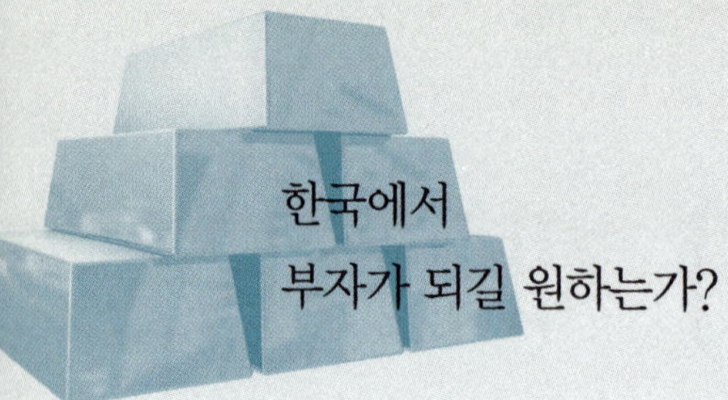

학비를 내기가 힘들어 다니던 대학을 중퇴한 어떤 사람은 창고에서 이 세상에 없던 것을 만들기 시작했습니다. 그리고 성공했습니다. 14년 동안 자기가 최고경영자인 회사에서 스톡옵션도 없이, 일 년에 연봉을 1달러씩만 받고서 일주일에 100시간 이상을 일했습니다. 그리고 세상을 떠났습니다. 자기가 하고 싶었던 일을 하고 모든 것을 그대로 남긴 채로……

부자란 정신적으로 자신이 하고 싶은 일을 하고, 물질적으로 그 일을 할 수 있는 정도의 여유가 있고, 사회적으로 자신이 하는 일을 통해 인정을 받는 사람입니다.

많은 분들이 부자의 꿈을 이루려고 초기에는 노력을 하다가 어려운 일이 닥치면 실망하고 그리고 그 어려움에 좌초됩니다. 주택 문제도 해결을 못하겠는데 어떻게 부자가 되겠는가 하는 생각이 들면 혁명적인 발상을 해서 형제들과 같이 집을 사십시오. 조그마한 공간에서 같이 지내실 각오라면 집을 매입해도 원리금 분할상환이 그렇게 힘들지 않습니다. 자녀교육 문제가 힘들다면 본인이 자투리 시간에 틈틈이 공부해서 직접 가르치십시오. 애정이 솟아나는 부모의 지도는 자녀에게 배움의 의욕을 북돋을 것입니다. 수입원을 늘리고 싶다는 생각이 들면 야간에 새로운 일을 하시고 주말에는 가족 혹은 친구와 같이 새로운 수입원을 만드십시오. 자본이 부족하다면 욕심을 줄이고 허리띠를 졸라매고 모아서 자기 자본금을 만들면 됩니다. 정부와 지자체가 지원해 주는 것들도 받으면 쏠쏠합니다.

안 되는 것은 없습니다. 단지 어려움을 극복하겠다는 의지가 약간 부족하고, 초인적인 노력이 약간 부족해서 안 되는 것입니다. 된다는 생각하에 밀어붙이는 탱크 같은 추진력을 가진다면 그 어렵다는 부자의 반열에 올라설 수 있을 것입니다.

부자가 되는 것이 쉬운 일은 아닙니다. 그러나 불가능한 것도 아닙니다. 우리나라의 약 1,700만 가구 중에서 50만 가구 이하가 소위 말하는 부잣집입니다. 3퍼센트가 안 됩니다. 지금 100명의 사람들이 있다면 그들 중에서 약 3명만이 부자라는 이야기입니다.

이 땅에서 제가 만난 거의 모든 사람들이 부자를 꿈꾸었습니다. 그러나 그중 소수만이 자신의 꿈을 달성합니다.

정신적으로 자신이 하고 싶은 일을 정하십시오. 그것이 가장 중요합니다. 현재의 상황과 상관없이 자신이 하고 싶은 일이 무엇인지를 확실하게 그려야 합니다.

바람이 마구 들어오는 외부 화장실에 가는 것이 너무나 수치스러워서 내 집을 장만해야겠다는 꿈을 꾼 어느 여성은 새로운 드라마 대본을

집필해서 자기 집을 장만할 수 있었습니다. 아들을 데리고 그 집에서 한참을 울었다고 합니다. 얼마나 어렵게 집을 마련했는지를 드라마 작가인 자신이 어린 아들에게 설명하는 것이 힘들어서 그냥 눈물만 뚝뚝 흘렸다고 합니다.

중학교를 중퇴하고 들어간 전파상에서 기술을 배워 라디오방을 차리고 그리고 전자상가로 진출한 어떤 분은 모든 것을 고쳐준다고 소문이 났습니다. 중고 가전제품들을 고치면서 돈을 조금씩 모았고 그 돈으로 대한민국 최고 전자회사의 주식을 10주씩 모으기 시작했습니다. 십여 년을 그렇게 산 덕에 이제는 1만 주 이상을 가지고 있습니다.

대학을 나와서 일류 회사에 들어갔다가 거기에서 새로운 아이템을 하나 잡아서 바로 회사를 나온 어떤 분은 무역에서 대박을 내기 시작했습니다. 파리와 밀라노를 뻔질나게 다니다가 이제는 홍콩으로 방향을 튼 그는 자신만의 명품을 만들려고 하고 있습니다. 서울 강남에 자기 소유의 빌딩을 가진 채로…….

집을 사겠다, 최고의 가전수리 전문가가 되겠다, 내 아이템으로 장사하겠다는 자신의 꿈을 실현시킨 사람들의 이이기입니다.

정신이 물질을 만듭니다. 현재 물질이 전혀 없어도 얼마든지 만들 수 있습니다. 당신의 정신을 끌어 올리고 또 올리면 모든 것은 가능하게 됩니다.

당신을 막는 것은 나태해진 정신력입니다. 항상 깨어서 자신이 꾸는 꿈을 달성하도록 매진하십시오.

이 세상의 1,100만 명의 부자들이 선택한 방법 중 가장 확실히 검증

된 길은 자수성가형 비즈니스맨(Self-Employed Businessman)이 되는 것이었습니다. 자신의 일을 스스로 하는 것이 성공으로 가는 길이라는 말입니다.

초기 자본금은 별로 필요하지 않습니다. 고철을 팔아서 모은 240만 원을 가지고 의류쇼핑몰을 창업해서 월매출 1억 원을 넘게 올린 사람도 있고, 주머니에 있던 100만 원을 가지고 길거리 노점을 시작해서 가맹점만 수백 개를 거느린 사람도 있고, 어머니에게 빌린 돈 2,000만 원과 자신의 돈 1,000만 원을 합쳐 시작한 사업으로 매출이 1조 원에 가까운 회사를 만든 사람도 있습니다.

당신이 할 수 있다고 믿는 것. 그것이 성공의 열쇠입니다.

유럽재정위기가 내 삶에 미치는 영향을 추측해 본다? 의미가 없습니다. 신경 쓰지 마십시오. 선거에 누가 선출되어야 내 인생이 바뀔 것인가? 별로 영향 끼치지 않습니다. 잊으십시오. 이자율이 그대로이니 내가 투자를 해야겠다? 가진 돈이 별로 없으면 상관이 없습니다. 신경 안 써도 됩니다.

내가 지금 해야 할 일은 '내가 어떠한 처지에 있든지 앞으로 나는 내가 선택한 내 일을 하겠다' 라고 다짐하고 그 일을 하는 것입니다.

부자는 자신의 일을 자신이 통제하는 상황 속에서 끝까지 해낸 사람입니다.

여러분도 부자가 될 수 있을 것입니다. 자신의 일을 한다면.

※ 이 저서는 2010학년도 서울여대 사회과학연구소 교내학술연구비의 지원을 받았습니다.

Contents

Chapter 4 88만원세대를 위한 부자 강의

부자란 누구인가? 어떤 사람을 부자라고 하는가?
이 장에서는 부자의 정의를 내려본다. 부자의 정의를
알아야 부자를 꿈꿀 수 있다.

부자의 정의

01 이런 사람이 부자다

부자가 되고자 하는 사람이라면 부자는 누구이고 어떤 생활을 하는지 알아야 할 것이다. 지금부터 부자에 대해서 알아보자.

전 세계에는 부자가 약 1,100만 명 정도 있다. 미국에 450만 명 정도, 일본과 독일에 300만 명이 채 안 되게, 나머지 유럽 국가들과 한국, 중국에 각각 몇십만 명 정도씩 있다. 전 세계 최고 부자인 멕시코의 슬림(Carlos Slim Helu)은 80조 원이 넘는 재산을 가지고 있는데, 1년간 GDP가 80조 원이 안 되는 국가가 지구상에 절반이 넘는다. 전 세계 부자의 90퍼센트 이상은 남성이다.

일반적으로 부자는 가족의 총재산이 30억 원이 넘는 사람을 말한다. 그렇다면 한국의 부자는 약 30만 명으로 추산할 수 있다. 부자는 이른바 서울의 강남구 · 서초구 · 송파구에 약 3분의 1, 한남동 · 성북동·평창동·방배동·장충동·연희동 등의 서울 부자 동네와 분당·용인·일산 등의 수도권 부자 동네에 약 3분의 1, 그리고 전국에 약 3분의 1이 살고 있다.

부자는 자수성가형, 전문가형, 상속형으로 나뉜다. 70~80퍼센트가 자수성가형이고, 10~20퍼센트가 전문가형이고, 5퍼센트 이하가 상속형이다. 우리나라 100대 그룹의 총 자손 수는 5,000명이 안 된다.

부자들 중에서 재산이 1,000억 원이 넘는 사람은 1,000명이 안 되고, 100억 원에서 1,000억 원 미만까지는 약 1만 명 정도가 있다. 재산은 대부분이 부동산이고, 나머지는 예금, 주식, 펀드, 미술품이다. 우리나라의 부동산 총가액이 약 1경 원 정도이고, 주식총가액이 2,000조 원이 안 되고, 미술품 총가액은 3조 원이 안 된다. 부자 대부분의 월소득은 700~5,000만 원 정도다.

부자는 은행통장이 4~7개 정도, 거래증권사가 2~4개, 거래부동산이 2~5개, 대여금고는 2~3개, 거택에 사는 부자는 지하 비밀금고가 있고, 자동차는 2~6대 정도다. 부자는 신용카드가 1~5장 정도 있으며, 의외로 현금서비스 사용자들 중에 부자가 많다. 이유는 매월 소득을 미리 설정한 곳에 사용하고 나서, 급히 돈이 필요할 때 신용카드로 서비스를 받기 때문이다.

부자의 직업은 대부분 기업인이고, 일부가 전문가다. 부자 중 50대 이상은 고졸 이하가 대다수다. 대졸 이상은 40대 이하의 부자에게서 주로 나타난다.

부자는 언 밥을 먹고 쓰레기통 옆에서 헌 우산을 펴고 잠을 자는 것부터 시작해서 부자가 되었다. 그렇게 절약을 하는 이유는 절약이 투자의 밑천이기 때문이다. 자기 손에 들어온 돈은 움켜쥐고 쓰지 않는다.

사업은 은행돈이나 남의 돈을 빌려서 한다. 부자는 남의 돈으로 돈을 번 사람이다. 중소기업을 운영하면 경리를 자기 사람으로 앉힌다. 회사 돈을 쌈짓돈으로 쓰는 경우가 허다하다. 철판에 맨손가락을 대고 눌러서 밀어 넣을 정도의 노력을 해야 돈이 모인다고 믿는 사람이 부자다.

밥알을 안 남기고, 벤츠를 타고 가다 길이 막히면 일 년에 한두 번 일회용 카드를 사서 지하철을 타고, 목적지 역에서 내리면 반드시 500원 보증금을 환불해 가는 사람이 부자다.

부자는 바람둥이 성향이 강하다. 50대 넘어서 문자를 자주 보내는 부자는 바람기가 많다. 가끔 젊은 애인과 딸의 휴대전화 번호를 헷갈려 바꿔서 보내는 멍청한 부자도 있다.

부자는 의심이 많다. 처음 본 사람에게는 명함을 잘 안 준다. 줘도 휴대전화 번호가 없는 것만 준다.

부자는 본인이 마음먹은 것은 어떻게든 한다.

브리오니 입는 남자 부자와 에르메스 좋아하는 여자 부자가 일부 있다. 자동차는 벤츠가, 취미는 골프가 압도적이다.

갤러리 미술품으로 불법 상속을 하고, 고가 귀금속을 매입해서 탈세도 한다. 예술품을 통해서 불법 상속하는 경우가 많다.

일 년에 600만 원 이상 기부하는 부자는 극소수다. 각종 단체의 회장 자리 준다고 하면 그제서야 폼 잡으려고 기부를 시작한다.

가족 간에 재산 문제가 많다. 부인에게 재산이 얼마인지 안 가르쳐
주는 것이 그들의 원칙이다. 부인은 헤어지면 남이지만, 자녀는 자기
사람이다. 자녀는 2~4명이고, 부인과 큰아들은 재산 상속 관련 경쟁
관계에 놓이는 경우도 있다. 큰 빌딩이 있으면 손자들이 뻔질나게 찾아
온다고 믿는 부자 할아버지가 있다.

죽는 것을 상당히 두려워한다. 이유는 눈 터지게 싸워 모은 돈을 남
에게 주는 것이 싫기 때문이다.

모두가 이렇지는 않겠지만 이것이 내가 살펴본 부자의 속성이다. 그
래도 여전히 부자는 되고 싶은 부류이다.

02 이렇게 투자하는 사람이 부자다

2011년 현재, 전 세계 70억 인구 중에서 약 1,100만 명 정도가 부자라고 알려져 있다.

부자들을 크게 세 가지로 구분한다. 재산이 1,000억 원 이상이면 절대적 부자(AR: Absolutely Rich), 100억 원에서 수백억 원 정도까지를 상대적 부자(CR: Comparatively Rich), 수십억 원 정도를 보유한 사람을 한계적 부자(MR: Marginally Rich)라고 한다.

_ AR의 투자

몇만 명 안 되는 AR은 투자보다는 유지 개념에 더 의미를 두며, 기회를 봐서 투자 활동을 한다. 그들은 자기 소유 회사의 주식에 수십 년 동안 장기투자하면서 기업가치 증대에 주로 치중한다. '빌 게이츠가 마이크로소프트의 주식을 팔았다’ 는 소문은 주가를 출렁이게 하므로 빌 게이츠와 같은 AR은 주식 매매로 부를 추구하기보다는 기업의 가치를 올리는 데 주력한다.

AR의 부는 개인의 것이라기보다 가문의 부라는 개념을 가지고 있다. 개인으로는 빌 게이츠나 워렌 버핏이 재산이 많아 보이나, 가문으로는 수많은 집안들(록펠러가, 월튼가, 로스차일드가 등)이 총체적으로 더 큰 재산을 보유하고 유지한다. 주식 지분 투자와 거액 부동산 투자를 하면서 최근에는 원유나 광물과 같은 방향으로 투자 대상을 늘리고 있다. 그들만의 클럽을 결성해서 거액 사모펀드를 조성하고, 사업권의 획득 가능성에 배팅을 한다. 총 재산 중 약간은 비밀스럽게 현금으로 관리하는 경우도 꽤 있다. 은행 이자는 관심도 없고, 최후의 보루로 재산을 비밀금고에 보관하기도 한다.

우리나라에는 주식으로 1,000억 원 이상의 평가액을 가진 사람은 200명이 채 안 되고(물론 미상장 주식으로 그 액수를 넘는 사람도 꽤 있다), 그 사람들이 워낙 다른 분야에 있어서 AR끼리의 사모펀드는 조성이 잘 안 돼 개별 투자에 나서는 경우가 대부분이다. 최근에 홍콩을 넘어 유럽과 미국으로 눈을 돌리고 있다.

금융권에서 이름만 대면 예금이 다 노출되기 때문에 가능하다면 100억 원 정도는 수표로 뽑아서 숨겨 놓으려다가, ‘이자가 어딘데’ 하는 다툼이 생겨서 휘발되는 경우도 있었다. 재산은 불리는 것만이 능사가 아니라, 비밀 관리를 잘하는 것이 중요하다. 특히 거액 자산가들은 아내에게도 전체 자산을 알려주지 않는다.

몇 년 전에 일본의 거부가 와서 투자에 대한 강의를 한 적이 있었다. 그는 금에 투자하라고 충고했으나 아무도 듣지 않았고, 실제 금값은 폭등했다.

_ CR의 투자

미국에만 백만 명이 넘는 것으로 알려진 상대적 부자들은 다양한 투자처를 찾는다. 다양한 펀드에도 가입하고, 주식 투자도 다양한 형태로(Day Trading, Swing Trading, Strategic Trading) 한다. AR은 주식 투자를 자기 손으로 하지 않으나, CR은 자기가 직접 하는 경우가 꽤 된다. 적절한 수익률을 노리면서 배팅도 하지만, 실제로 주식 투자로 성공할 확률은 1~3퍼센트 정도다. 그것도 초반에 물리면 헤어나지 못한다. CR 중에서 주식으로 부자가 된 사람들은 아주 개미같이 투자한다. 20~50억 정도를 주식에 투자하여 3억씩 잘 나가는 종목을 사서는 30만 원만 남으면 여지없이 팔아버린다. 수십 개 종목당 하루에 수십만 원씩만 벌면 하루 총액은 금방 몇백만 원이 된다. 이렇게 초반에 몇억 원을 벌어놓으면 절대로 깨지지 않는다. 하루에 10억 원씩만 팔면 일 년에 2,200억 원 정도를 매매하는데, 이것은 웬만한 할인점의 일 년 매출 규모와 동일하다. 평균 수익 1~2 퍼센트면 일 년에 수십억 버는 재미있는 주식 성공 비법이다. 단, 깨지지 말아야 한다.

CR은 자신은 부자라고 절대로 생각하지 않는다. "몇조 원 가진 사람들도 있는데, 내가 뭘……." 이렇게 말하면서 부동산 투자에 들어가기도 한다. 부동산 투자를 전문으로 하는 뮤추얼 펀드도 활용하고

(REITs : 리츠), 어쩌다 가족과 친인척끼리 모아서 거액 빌딩에도 투자한다. 그러나 거액 빌딩 투자는 임대료가 생각보다 적게 나오는 경우, 투자자 중에서 실제로 업무를 주로 하는 사람이 자기의 노력비를 크게 책정하면 바로 투자 모임이 깨진다.

우리나라의 어느 주부 모임에서 알게 된 세 명이 같이 투자해서 한 명이 땅을 대고, 다른 부인의 남편이 건축사여서 설계하고, 한 명이 돈을 댔다. 땅을 댄 사람이 관리하다가 임대료가 떨어지자 자기가 임대료를 더 받겠다고 하는 바람에 서로 의가 상해서 그냥 팔아버리려고 했는데, 빌딩 급매가 잘 안 돼서 100억 원짜리 빌딩을 70억 원에 내놓아도 못 판 경우가 있다. 금슬 좋은 부부라도 공동 투자는 위험하다. 투자 시에는 절대적인 권한을 가진 사람을 믿고 따라야 하는데, CR들은 보통 배짱이 없어서 그렇게 하지 못한다.

대한민국에서 부동산 총가액은(국유지, 비영리법인 소유, 개인 소유) 2경 원 내외가 된다고 한다. 주식 시가총액은 2,000조 원을 넘었고, 미술품은 3조 원이 조금 안 된다. 상속세를 줄이려고 미술품에 투자하는 사람은 실제로 2~300명 정도밖에 안 된다. 딸과 며느리가 폼 잡고 사회 활동하는 데 유리하다고 갤러리를 차려 준다. 이는 투자가 아니라 국부를 빼먹는 나쁜 행위이다. 돈 문제는 여자 문제만큼 투명해야 한다.

_ MR의 투자

가진 것이 별로 없는 MR도 부자라고 볼 수 있는데(현찰이 조금 있고, 총재산이 수십억 원이면 보통 부자라고 간주하므로), 실제로 투자할 여력은 별로 없다. 전 세계에 거의 700~1,000만 명 정도라고 추정되는데, 미국이나 유럽 혹은 한국의 MR도 작은 규모의 주식 직접 투자, 소형 부동산 투자에 치중한다. AR들이 하는 광산 개발은 어쩌다 PB들에게 들어는 보았는데, 뭔지 잘 모른다. 그냥 재개발지역의 연립 사서 되팔고, 원룸 사서 복합룸으로 바꾸어 그 수익으로 자녀유학비 댄다. 2억 원 정도 가져다 랩(Wrap)에 맡겨 놓고는 폼을 잡지만 액수가 적으니 별로 대접도 못 받으면서, 나도 WI한다고(Wrap Investment의 줄임말) 차돌에 소주 먹으면서 또 폼 잡는다. 그러나 지갑을 열어보면 별 것 없다.

MR은 IPO 대박 나는 꿈만 꾸고, 코스닥 상한가만 쳐다보고, 개발 정보에 눈을 굴리다가, 잘 안 되면 남은 집마저 날릴 수 있다. 강남에 수십억 원짜리 아파트 하나 가지고 있는데, 관리비 못 내서 경매에 넘어가는 사태도 생긴다.

꾹꾹 참고, 수십 년 동안 장기 투자하고, 찬스에 과감한 배팅을 하는 것이 전 세계 AR들의 특징이다. CR과 MR은 이것을 빨리 배워야 한다.

처음에는 악하나 후에 착해지는 게 부자다

부자는 악인가? 선인가?

부자와 선악을 연결시켜서 물어보는 질문에 대부분은 '부자는 악이다' 라고 결론 내린다. 어느 정도는 맞는 답이나, 부족한 답이다.

부자는 처음에는 악이나, 나중에는 선이다.

미모의 여왕도 악으로 부를 모으고, 화교 거상도 악랄하게 재산을 모으고, 유태 거부도 악독하게 부를 쌓는다. 세계 최고의 부자였던 과거의 부자들이 거의 전부 독점을 사용했고, 요즘 세계 최고의 부자들도 독점으로 부를 축적하고 심한 경우에는 법의 심판을 받는다.

실제로 부자가 되는 과정은 악이라고 볼 수 있다. 우리나라에서 손꼽히는 어느 부잣집의 후손도 필자에게 자신의 집이 원래는 악한 행실들을 했다고 자백(?)한 적이 있다.

"한 교수님, 저희 집안도 처음에는 소작농들에게 장리(요샛말로 고리 대금업)를 해서 부를 이루었습니다."

이것이 사실이다. 마냥 선해서는 부자가 될 수 없다. 잠바 입고 집세도 몇 달씩 밀리다가 독촉에 독촉을 하면 그때 마지못해 내는 철물점 사장도 알고 보면 부자다.

자기 빌딩의 수도가 고장 나서 대규모 공사가 필요할 때 정상적으로는 수도 공사가 해야 할일을 직원과 짜고 실제는 민간에 맡겨서 정부로 들어가야 할 돈을 줄이는 빌딩 소유주도 악하게 부자가 된 것이다. 거의 계산도 안 되는 원가의 제품에 수천 퍼센트의 초고마진을 붙여서 돈을 모으는 몇몇 서비스 업주들도 전부 악해서 부자가 된 것이다.

그러나 부자가 되고 나서는 그들은 선을 행하는 경우가 여러 번 있다. 이유는 무엇일까?

첫 번째, 그래도 남들보다 잘 먹고 사는데 조금 베풀어야지 하는 조그마한 자비심이 발동한 사람이 있다. 실제 자신의 양심이 내야 한다고 생각하는 것의 3분의 1도 제대로 내지 않으나, 그래도 서민들이 보면 꽤 많은 돈을 내는 사람들이다. 그것도 선행이다.

두 번째, 폼 잡으면서 기부하면 보잘것없는 자신의 지위를 남들이 알아줄 것이라고 생각하는 사람들이 있다. 떡하니 모 대학 최고경영자과정 동창회장이 되었다고 2,000만 원짜리 수표를 마구 긁어대는 사장님은 고교 중퇴한 30대 직원의 월급을 몇 년째 200만 원 아래로 동결하신 분이다. 그래도 사회에 거금을 냈으니 이것도 선이겠다.

세 번째, 그래도 남들과 좋게 사는 것이 좋겠다면서 인사 잘하는 사람들에게 푼돈을 마구 집어주는 요구형 선행을 하는 사람도 있다. 물건 사러 가서 응대를 잘한다고 여직원에게 1,000원짜리 몇 장을 꺼내 주는 사람이나, 음식점에서 앞 접시 몇 개를 자주 가져다준다고 5,000원짜리를 내려놓고 나오는 사람이나, 혹은 마음에 찍어둔 서비스 종사자에게 거금을 들여서 선물하는 것도 선행이라고 할 수 있다.

안 한 것보다 나은 선행부터 진심으로 하는 선행까지 부자로 사는 과정은 선이 될 수 있다.

'부자도 선하게 변할 수 있다'고 인정하고 나면 속이 편해진다. 나도 언젠가는 그렇게 되겠지 하고 마음먹으면 당신도 부자가 될 수 있다.

자신을 위해
선행하는 사람이 부자다

내가 부자학을 공부하면서 만든 개념들에 '충복향', '부자지향', '사회만족', '풍요자본', '부자시민행동' 등이 있다. 그리고 최고의 부자들의 악과 선을 파악하면서 '선악후선설(先惡後善說)'이라는 것을 주창하기 시작했다. 부자가 되는 과정은 악의 성격이 강하고, 부자로 사는 과정은 선의 성격이 강하다. 우리나라 최고의 부자로 칭송받는 한 집안도 처음에는 장리(고리대금업)로 돈을 모았고, 나중에는 그렇게 모은 모든 재산을 기부했다. 또한 독점으로 부를 쌓아 자선으로 끝을 맺으려는 빌 게이츠도 마찬가지다.

왜 부자되는 과정에 악한 성격이 있을까? 여러 가지 이유들이 있다. 첫째는 인생의 목적을 금전 추구로 제한하면서 부자가 되기 위해 모든 악행(가족 재산 탈취, 무자료 거래, 종업원 착취 등)을 하기 때문이다.

“저희 큰아버지가 할아버지의 재산을 몽땅 독차지한 후에 시장에서 사채놀이를 해서 떼부자가 되었는데, 저희 집이랑 삼촌들은 전부 굶었습니다.”

부자학 수업을 듣는 어느 여대생이 나쁜 부자인 큰아버지에 대해 한풀이한 말이다.

“교수님, 제 사업도 무자료 거래 안 하는 대리점으로 표창까지 받았지만, 실은 90퍼센트 정도만 자료 거래입니다. 부끄럽습니다.”

빈손으로 시작한 대리점으로 1,000억 원을 모았다는 분의 고백이다.

둘째는 남들을 눌러야 독점적인 이득이 생기고 빨리 부자의 길에 도달할 수 있다고 믿는 사람들이 있기 때문이다.

“동네의 갈비집을 싹 죽이려고 사람을 사서는 못된 짓을 숱하게 했고, 자기는 불법으로 가게 늘리면서 동네 가게들은 전부 없애버렸습니다. 염라대왕이 한탄할 부자입니다.”

어느 어르신이 한숨 쉬면서 욕하는 독점 부자의 사례다. 전 세계 최고의 부자들은 거의 모두 독점의 길(석유 독점, 소프트웨어 독점, 통신 독점 등)을 걸었다.

셋째는 불법적인 거래들을 은밀히 하면서 해서는 안 될 방식으로 돈을 모은 사람들이 이 땅에 많기 때문이다. 몇몇 대기업들이 한때 수출입을 통해서 금괴를 밀거래했고, 일부 정치가들은 모텔에 투자해 수천 배의 이득을 취했고, 폭력조직들은 신체의 장기를 불법으로 거래해서 돈을 모았다.

“그 기업의 실소유주는 정치가입니다. 아주 나쁜 사람입니다.”

초고속으로 성장한 거대 기업의 악행을 지탄하는 목소리다.

"죄의 삯은 사망이니." 많은 부잣집의 자녀들 중에 일찍 세상을 떠나는 비극이 셀 수 없이 발생했다. 현행 법규는 피해 갔어도 신의 징벌은 피하지 못한 결과다. 자녀의 죽음과 본인의 다가오는 죽음을 느끼면서 악한 행위들을 선행으로 바꾸어 나간 부자들이 아주 많다. 일 년밖에 못 산다는 진단을 받고 나서 선행 큰손이 되어 사십여 년을 더 산 록펠러가 그렇다.

"멀리서 차에서 내려 걸어오셔서는 꼭 부엌에서 하찮은 일을 손수 하시고 3만 원을 내시는 사모님의 마음이 어떠하겠습니까? 그 분에겐 먼저 보낸 어린 아들이 있지요."

스님이 필자에게 말해준 큰 부잣집의 이야기이다.

"서울광장에서 부자죄악 속죄의식을 가져요." 부잣집 딸이 필자에게 제안했고, "빈자와 부자가 의형제 맺는 것은 어떻습니까?"하고 의식 있는 빈자 조직의 리더가 나에게 말했다.

"될 것이라고 믿습니다. 선행이라는 것이 자신의 과거 죄를 갚기 위해서 필수적인 것이라는 것을 부자들이 인식해야 합니다." 필자의 답변이었다.

"저를 위해서 해요." 강남의 조그마한 교회에 나가신다는 중견그룹의 사모님이 매년 수십억 원씩을 들여서 자선 행위를 하는데 실은 자신을 위한 일이라고 나에게 말한 적이 있다. 어떤 시대나, 어떤 국가나, 어떤 사회나 부자가 되는 과정은 악의 요소가 우글거리나, 부자로 사는 생활은 선행의 연속이 되어야 한다. 누구를 위해서? 부자 자신을 위해서다.

인류 역사상 가장 빨리 소득 1만 달러에 도달한 국가가 대한민국이다. 최근 자랑스러운 우리나라에서 2030년에 소득 10만 달러에 도달하자는 외침이 터져나오고 있다. 이제는 세계에 알릴 만한 거부들도 배출했다. 이제는 경제개발 5개년 계획처럼 공동선을 실행해야 할 때다.

부자란 자신의 꿈을 이룩하려고 손가락에 못이 박이도록, 무릎이 부서지도록, 머리가 깨질 정도로 노력한 사람이다. 부자 되기 전에 피치 못한 악행은 자신의 꿈이 어느 정도 이루어진 후에는 집단선이나 사회선으로 갚아가야 한다. 폼 잡는, 멋 부리는, 여유 즐기는 선행도 안 한 것보다는 낫다. 그러나 조금 더 나가서 악의 가면에서 선의 얼굴로 거듭날 수 있도록 진심으로, 진정으로, 진실되게 노력하는 부자가 많아져야 한다. 인류 역사상 소득 10만 불에 가장 빨리 도달할 미래의 자랑스러운 조국인 우리의 대한민국을 위해서 하자. 그런 웅대한 역사를 부자가 이끌었다는 찬사와 함께 부자가 사회의 등불이 되려면 자신들의 집안 문을 열고, 마음을 열고 아름다운 선을 수행해야 한다.

05 충복향을 느끼는 사람이 부자다

여학생들이 "야, 어떻게 해야 부자가 되는 거야?"하고 서로 질문하는 것을 들은 필자가 "충복향을 하면 돼"라고 답한 적이 있다. 필자가 만든 단어인 충복향(Euphorinization)이란 '자신도 모르게 가슴속에 벅차오르는 자극의 홍수'를 의미한다. 부자의 길에 들어선 사람들의 말, 생각, 행동에서 자주 나타나는 현상이다.

30만 원으로 시작해서 3조 원 매출을 이룩했다는 한 사업가를 필자의 부자학 수업에 모셔서 특강을 부탁한 적이 있었다.

"저는 내 온몸이 광고판입니다. 제 양복에도 우리 회사 이름이 있지요. 자, 보세요. 넥타이, 와이셔츠, 심지어는 속옷까지도 자사명으로 가득 차 있습니다"라고 쉴새없이 떠들었다. 그리고 "해병대 정신으로 무조건 밀어붙이니 다 되었습니다"라고 수백 명의 학생들 앞에서 마무리

하였다.

"야. 너 보험 들어. 빨리, 안 들면 나 죽을 거야." 자기 목숨을 담보로 종신보험을 팔면서 연봉이 10억 가까이 된다는 중년 여성은 필자에게도 보험 강매를 시도한 적이 있다.

밤새 삶은 계란을 회사에 가지고 가서 자신은 굶으면서 점심시간에 동료들에게 파는 것이 전혀 창피하지 않았다는 30대 여성은, 부동산 업자로 변신해서 부자 동네에 아주 넓은 집을 장만했다. "교수님, 그때는 전혀 부끄럽지 않았어요." 여인의 말은 정말인 것 같았다.

"제가 마지막에는 몽땅 다 팔고, 심지어는 마누라의 피까지 팔려고 시도했는데. 하늘이 도우서서 기사회생하고 큰 거 한 장을 거뜬히 모았습니다." 이렇게 말하는 한 기업 회장은 그때 어떻게 그런 생각이 들었는지 모르겠다고 한다.

충복향이란 '자신이 정한 꿈에 완전히 몰입하면서 자신의 아픔이나 한계를 뛰어넘는 정신 충만의 과정'이다. 빌 게이츠가 며칠 밤을 프로그래밍하다가 쓰러져 새로 온 여비서의 발에 밟힌 후에 일어났다는 일화도 충복향의 사례다. 직원 두 명 놓고 창업식을 하면서 사과박스 위에 올라가 웅대한 포부를 밝혔다는 손정의 회장도 충복향에 빠져 있었다.

자신의 꿈을 이룩하기 위해 행동할 때는 아무것도 두려운 것이 없고, 무조건 다 된다고 스스로 확신한다. 모든 일을 자신이 추진하면서 단 1퍼센트도 성공을 의심하지 않았다는 고 정주영 회장의 이야기도 충복향의 실존을 뒷받침하는 사례다.

아픈 줄도 모르고, 창피한 줄도 모르고, 그래도 계속해야 한다고 하는, 정신에 온몸이 감기는 바로 그 느낌이 보통 사람들은 맛보기 힘든 '부자의 낙'이다.

자수성가한 부자들로부터 부지기수로 표출되는 충복향은 아직 부자의 반열에 들지 못한 국민들이 배워야 할 것이다. 외부의 장애는 내가 다 헤쳐 나갈 수 있다는, 자기최면에서 생긴 무한한 확신의 잠재력이 실제로 일들을 만들어 간다.

"교수님, 돌아오는 어음을 막을 길이 없었는데도 된다는 확신하에 직원들과 밤새 공장을 돌렸더니 아침에 다 길이 열리더라고요" 하면서 소주 따라주는 회장이나, "폭풍우 속에서도 계약한 것을 지키려고 트럭들을 몰고 가는 데 전혀 두려움이 없었습니다. 일본과 같은 지진이 와도 저는 할 것입니다. 제 말이 보증수표라는 것을 보여주려고요" 하는 자기확신을 가진 50대는 강인한 부자다.

충복향 부자들은 자신이 부자라는 것을 한없이 기쁘게 생각하면서 기회가 되면 세상에 알리려고 한다. "교수님, 저의 조그마한 경험을 세상에 알리고 싶습니다." 필자는 그들의 의견에 동조하면서 정상적인 부자들을 오프라인 강의와 스마트폰 애플리케이션으로 세상에 소개하고 있다.

우리나라의 30여만 명의 부자들 중에 상당수가 충복향을 경험했을 것으로 필자는 추정한다. 반드시 된다는 확신으로 미친 듯이 매진해서 한 단계 뛰어넘는 경험 없이 치열한 경쟁 속에서 부자가 되기는 정상적으로 쉽지 않다.

　어쩌다 한탕해서 떼돈 번 나이롱 부자, 눈먼 돈 슬쩍 해대는 사이비 부자, 깡을 밥 먹듯이 해 탈세하는 무자료 부자, 바지사장 내세워서 모자 바꿔 쓰는 번데기 부자는 충복향이 무엇인지 모른다.

　사악한 부자들이 줄어들고, 진정한 충복향 부자들이 늘어가는 그런 세상이 되기를 바란다. 단군 할아버지의 홍익인간 정신을 이어받아 스스로 창조해 낸 결과로서 새로운 부자가 많아지는 그런 좋은 우리나라를 위해 누룽지 건배를 하자.

학력에 신경 쓰지 않는 사람이 부자다

대학 등록금이 문제가 된 것은 어제 오늘의 일이 아니다. 전 세계에서 대학진학률이 가장 높은 우리나라는 대학 입학 수요가 많으니 등록금이 올라간 측면이 있다. 그런데 진짜 중요한 것은 '대학 입학과 부자 되기'가 얼마나 관련이 있는가 하는 문제다.

우리나라에서 구체적으로 논의된 적이 없는 것 같은데, 많은 분들이 좋은 대학에 가면 부자 되는 데 도움이 될 것이라고 막연히 감상적으로 판단하는 것이 문제인 것 같다. 자녀가 대학에 입학하겠다는 것을 막을 필요까지는 없으나, 자녀에게 왜 대학에 가려느냐고 물어보고 그 뜻을 확실히 아는 것이 중요하다.

여러 가지 목적이 있을 수 있다. 공부를 많이 해서 높은 학식을 쌓으려고, 제대로 배워서 좋은 직장에 취직하려고, 배우자를 잘 만나려고,

전문 직업을 가지려고, 부자가 되려고 등등. 이 중에서 높은 학식을 쌓는 것은 부자가 되는 것과는 사실 거의 상관이 없으나 좋은 직장에 취직하는 것, 배우자를 잘 만나는 것, 전문 직업을 가지려는 것은 부자 되는 것과 약간 상관이 있다.

확실한 것은 "자녀가 부자가 되라고 대학에 보냈다"는 말은 사실과 상당히 어긋난다는 점이다. 대학은 부자 되기를 직접적으로 가르치는 곳이 아니다. 대한민국, 아니 전 세계의 어느 대학에서도 '부자 되는 법'을 제대로 강의하는 곳은 없다. 앞으로는 생길 수는 있지만.

그러면 대학 안 가고 부자는 어떻게 되는가? 부자 되기는 현장에서 배우는 것이 가장 빠르다. 현실 생활에서 남들과 같이 부대끼며 그 와중에서 새로운 것을 찾고, 남들과 경쟁하며 새롭게 이기는 법을 배우고, 남들에게 지면서 이기는 법을 스스로 터득하는 것이 중요하다.

현재 50세 이상의 부자들 중에서 대학을 나온 사람은 10퍼센트가 안 된다. 물론 그때는 대학진학률도 20~30퍼센트 할 때이기는 하지만 대학 나오는 것과 부자 되는 것이 그렇게 큰 상관이 없다는 이야기다.

필자는 직간접으로 수천 명의 부자들에게 "부자 되는 것과 좋은 대학을 나오는 것과 상관이 어느 정도 되느냐?"라고 물어 봤는데, 대부분의 대답은 '약간'이었다. 물론 대학을 좋은 곳을 나오면 부자가 될 확률이 높아질 가능성은 있다.

왜?

대학에 들어가려고 열심히 노력하면 부자가 될 확률이 올라간다. 물론 책상에서 공부한 것이지만, 그것에 들인 노력을 진짜 부자 되는 현실 공부에 투자하면 부자가 될 수 있는 가능성이 올라간다는 것이다.

자녀가 공부하는 머리가 떨어지는 것 같다고 해서 미리 포기하지 마라.

어느 부자가 나에게 말했다.

"제가 얼마나 머리가 나쁘냐면, 방금 들은 것도 금방 잊어먹습니다. 그래서 제가 대학문은 쳐다도 못 보고 고등학교도 간신히 졸업했습니다. 중간에 정학당하고, 자퇴하고 다른 학교에 가서 또 다니고 해서 간신히 고졸입니다. 그런데 돈 버는 데는 재주가 어디서 생기는지 이제는 부자가 되었습니다. 부자 되는 것과 공부하는 것은 별 상관이 없는 것 같습니다."

07 창조하는 사람이 부자다

부자가 되는 길, 부자로 사는 길은 '끝이 없다' 라는 아주 짧은 문장 하나로 함축시킬 수 있다. 부자가 된다는 것은 '자기 수련을 끝없이 해야 하는 것' 이다. 새로운 생각을 하고, 남보다 훨씬 절약하고, 생활 습관을 노력형으로 만들어가야 한다. 변화가 하도 많아서 자신도 혼란스러울 수 있다. 그래도 매순간마다 바꾸면서 새로워져야 한다.

단, '초기에 세운 큰 목표의 틀 안에서 변화' 해야 한다는 것이 중요하다. 사람이 평생 동안에 큰 목표는 서너 번밖에 안 세운다. 큰 목표 안에서 자신을 끝 없이 바꾸어 나가야 함이 부자의 자질이다.

"중동에서 막노동해서 한 달에 100만 원씩 우리나라에 부쳤습니다. 그때 우리나라 웬만한 기업체 직원의 월급이 수십만 원일 때입니다. 그러고 나서 귀국해서 전혀 해본 적 없는 목욕탕을 했고, 그 후에는 옷장

사, 이제는 대리점을 내 빌딩에서 하고 있습니다. 저는 앞으로는 자동차 부품업도 해보고 싶고, 패밀리 레스토랑 사업도 하려고 합니다.”

필자는 키가 아주 작은 회장님의 이야기를 들으면서 그 분이 추구하는 변화의 끝은 어디일까 하고 생각해 본 적이 있다. ‘끝이 없다’ 라는 말로 결론 내리고, 그 이후로 만나는 부자들이 이 말과 공유될 수 있는 단어들을 던지는지를 아주 세심하게 들었다. 놀랍게도 대부분의 부자들이 ‘끝이 없다’ 라는 개념에 아주 자연스럽게 부합되었다.

“아침 여섯 시 반에 출근해서 아무도 없는 사무실에서 주식 투자 공부를 시작해서 오후 4시 정도까지 하고, 내 사업체의 결재에 들어갑니다. 그리고 집에 와서 또 주식 투자 공부를 합니다.”

부자 동네에 빌딩을 3채나 가지고 있는 중견 기업체 오너의 말이다. 아무것도 안 해도 한 달에 1억 원 이상이 생기는 사람인데, 그리고 주식 투자업에 종사하는 사람이 아닌데도 하루에 십여 시간을 ‘끊임없이’ 주식 투자 공부를 한다.

“제가 만든 토스트가 몇 개나 되는지 아십니까? 아니 그전에 제가 만들면서 먹어 본 토스트가 몇 개인지 아십니까?”

‘아십니까’ 라는 말을 계속해서 반복해대는 한 창업주는 진짜로 ‘끊임없이’ 이야기를 했다.

변화를 밥 먹듯이 하면 새로운 것이 저절로 생긴다. 필자를 만나 본 많은 분들이 필자를 ‘아주 창조적인 사람’ 이라고 평가해주었다. 정해진 주제로 2시간을 대화하는데 ‘그 안에서 생각이 수십 번이 바뀌면서 새로운 것들을 이야기한다는 것이다.’ 필자가 그 평가를 받고 나면 반드시 하는 말이 있다.

"저는 주제는 바꾸지 않았습니다. 오늘 이 자리에 오기 전에 생각했던 것은 대화를 시작할 때 이미 이야기 해드렸습니다. 그 이후는 선생님께서 던지는 말에 창의적인 반응을 보였을 뿐입니다."

창조는 세상을 바꾸는 원동력이다. 창조는 현재를 변화시키겠다는 변화 의지에서 나온다. 어제 한 것을 오늘 바꾸고, 오늘 한 것을 내일 바꾸는 삶이 성공의 길이고, 또한 그것이 부자의 길이다.

08

남이 안 하는 것을
하는 사람이 부자다

전 세계 부자들의 공통점 중에서 가장 중요한 것이 나만의 가치를 만들어 세상에 공헌한다는 것이다. 다시 말해, 이 세상에서 나만 할 수 있는 일을 하는 것이 부자 되는 가장 좋은 방법이라는 것이다.

"이것을 한번 해보십시오" 하고 부자가 되고 싶다는 분에게 필자가 권유하면 "그것은 어려운 것 같습니다"라는 답이 돌아온다. "어려운 것을 해야 가치가 생기고 사람들이 좋아합니다"라고 재차 권유하면 "저는 남들이 하는 쉬운 것을 하고 싶습니다"라는 답이 다시 돌아온다. 이렇게 해서는 부자가 될 수 없다. 길거리에서 주울 수 있는 돌멩이를 돈 주고 사지 않는 이유와 동일하다.

일단 남들이 못하는 것을 시도하라. 주위에서 해보았는데 안 되더라 하면 바로 그것이 내가 할 일이라고 생각하고 시작하면 된다. "교수님,

심해에서 천연 해초류를 꺼내어서 화장품을 만들었습니다. 많은 사람들이 시도하다가 실패했다고 하는데, 저는 여러 군데에서 실패했다는 이야기를 듣고 시작한 것입니다. 물론 어려웠습니다. 13평짜리 집에서 사는 처지에 할 것이 아니라고 가족들이 만류했지만, 저는 된다고 보고 모든 돈을 끌어 모아서 집어넣었습니다." 지금은 거대한 빌딩을 가진 부자가 나에게 한 이야기다.

남들이 못했다는 것은 방식을 제대로 찾지 못했거나 아니면 조금 일렀을 수도 있고, 혹은 노력이 부족했을 수도 있다. "남이 못 보는 것을 보니까 바로 되던데요. 빵과 커피를 같이 판다는 생각을 못할 때 제가 될 수 있다고 생각하니까 된 것입니다. 사람들이 빵과 다른 것을 자꾸 합해서 하다가 실패했을 때입니다."

남들이 못 본 것을 보는 혜안을 가진 사람은 남들이 못한 것을 할 수 있다. "80년대에는 유기농이 성공하기에는 아직 일렀어요. 대부분이 망했지요. 그래서 그동안 전자제품 대리점 사업하다가 다시 90년대 후반에 뛰어드니까 성공했습니다."

남들의 실패를 보고도 뛰어들었으나 역시 실패하자 '시기가 아니다'라는 것을 직감하고 10년 이상을 늦추었다가 성공한 분의 이야기다.

"두 번 실패하고 나서는 냉철하게 왜 그 좋은 제품을 가지고 실패했는지를 분석했습니다. 지문이 없어지도록 노력하지 않았고, 발이 부르틀 정도로 뛰지 않았다는 것을 알아챘습니다. 그래서 주말을 반납했더니 되더군요."

남들이 하다가 실패한 것에 과감하게 뛰어들겠다는 용기가 필요하다. 집중력이 강한 분들은 남이 무슨 이야기를 하든지 별로 귀담아 듣지 않는다. 내가 할 수 있느냐 혹은 아니냐만이 중요한 판단 기준일 뿐이다. 남들이 못한 것을 자신만의 방식으로 개발하고, 타이밍을 맞추고 노력을 3배로 늘리면 할 수 있다.

그러나 진짜 부자 되는 방법은 '남들이 못한 것을 하는 것이 아니고, 남들이 안 해 본 것을 하는 것이다.'

'그게 그거 같은데, 무슨 차이가 있을까?' 하겠지만 하늘과 땅 차이다. 남들이 못한 것이란, 벌써 이 세상에서 자신 말고 누군가는 생각하고, 행동하고, 추진해 보았다는 것이다. 물론 실패했으니까 자신이 시도할 수 있었지만 그것은 남의 것이다. 내가 그것을 맡아서 피땀 흘리면서 집에 들어와서는 옷도 안 벗고 꼬꾸라질 정도로 열심히 해서 성공했더라도, 그것은 타인의 원초적인 생각에서 시작된 것이다. 그것으로는 크게 성공할 수 없다.

진짜 성공은 '이 세상에서 아무도 생각해 본 적이 없는 것을 지금 하는 것'이다. 이 세상 누구나 하루에 적어도 천 가지 이상은 생각을 한다고 한다. 많이 하는 사람은 수천 가지 이상 생각을 하고, 최대로 인간이 하루에 얼마큼 생각하는지는 정확하게 알려지지 않았으나 아마 수만 개의 생각을 하는 사람도 있을 수 있다.

하루에 수백 번, 아니 수천 번 이상을 생각하면서 자신만의 '아하! 이거다'라는 생각이 섬광처럼 머릿속에 떠오를 때 그것을 바로 캐치하는 것이 성공의 열쇠다. 생각 자체만으로 성공하는 것은 아니다. 생각은 최종 결과물의 100분의 1, 아니 1만분의 1도 안된다. 단, 생각에서 모든 것이 출발하는 것이다.

어처구니없는 생각에서 나쁜 일이 생기고(지나가다 기분 나빠서 남을 때리고, 술 먹고 주차되어 있는 외제차 수십 대를 부수고) 그리고 터무니없는 생각에서 좋은 일을 할 수도 있다(하늘로 날아보겠다는 어처구니없는 생각이 비행기를 만들고, 바다를 메워보자는 생각이 농토를 만들고).

필자가 세상 부자들의 일대기를 보면서 느낀 것은 '부자들은 생각의 천재'라는 것이다. 남이 하지 않은 것을 생각해서 그것을 밀어붙인다. 가족이나 친한 사람들은 그 일에 반대한다. 왜 반대할까? 큰 생각은 어려울 것이라는 것을 주위가 알고 있기 때문이다. 300층짜리 빌딩을 한강에 세우겠다고 하면 '그것은 너무 어렵다. 땅에 200층짜리 빌딩도 없는데, 어떻게 강 위에다 세우냐?' 하고 반대한다. 하다가 망하거나 죽을 것이라고 말한다.

진정한 부자들은 모두 아무도 걷지 않았던 길을 걸음으로써 부자가 되었다. 물론 남들을 따라 하는 것만으로도 어느 정도의 부자가 될 수는 있다. 최근 사망한 스티브 잡스는 아무도 시도하지 않았던 개인용 컴퓨터를 만들면서 부자가 되기 시작했다. 월마트의 샘 월튼도 창고형 매장을 생각하면서 부자가 되었다. 전 세계 부자 순위를 보면 이름도 알 수 없는 아랍과 러시아의 부자들이 많이 있다. 대부분이 석유로 재벌이 된 사람들이다. 이들은 비록 부자일지언정 진정한 존경받는 부자가 되지는 못한다. 스스로 무엇인가 일궈낸 것이 아니기 때문이다. 자원이 재산인 부자들에게는 한계가 반드시 찾아온다. 하지만 생각이 재산인 부자들에게 한계는 없다.

진짜 부자는 자신의 생각이 된다고 믿고 그것을 바로 추진한다. 너무나 잘 알려진 말이 있다. "자네 해 봤나?" 고(故) 정주영 회장이 한 말이다. 그리고 또 한 가지가 있다. 고 정주영 회장은 항상 새로운 일을 할 때 완전히 된다고 믿었고, 단 1퍼센트도 의심을 하지 않았다.

09

가족을 관리하는 사람이 부자다

부자가 되는 데는 가족의 존재가 절대적인 도움이 된다. 아니 가족에게 도움을 구해야 한다. 가장 큰 힘은 배우자다. 전 세계 부자들 중 99퍼센트가 결혼한 사람이다. 현재 미혼이고 부자가 되고 싶다면 꼭 결혼하라.

가족이 흩어져 사는 아픔을 수없이 느낀 사람들은 꼭 부자가 되려고 악에 받쳐 노력했다. 그들이 한 이야기들이다.

"나 혼자면 그냥 쓰러지는데, 결혼하면 가족을 살려야 한다. 힘들어도 일어나야 한다. 내가 다시 쓰러지면 우리 가족은 낭떠러지로 떨어지고 만다."

"가족이 다 흩어져서 지낸 아픔을 딛고 가족과 같이 사업을 시작했다."

"남편이 망해서 애들 데리고 결혼한 남동생 집에서 지냈다. 눈치가 보이지만 어찌할 수 없었다."

"집안이 거덜 나자 짐 한 보따리 가지고 아는 친척집에 이리저리 신세 지면서 떠돌이 생활을 했다."

"부모가 형은 대학에 보내고 나는 대학을 못 가게 했다. 형님 아이들은 유학을 보내고 나는 차별했다. 그래서 나는 부자가 되고 싶었다."

삶의 근원은 가족이고, 내 가족이 나를 움직이고, 내가 가족에게 기댄다. 여기서부터 부자가 되고 싶은 욕구가 나오는 것이다. 쫓겨났을 때 돈 빌릴 수 있고, 슬플 때 의지할 수 있는 곳이 가족이다.

금싸라기 땅보다 더 소중한 가족애와 아내의 사랑을 말하는 부자들도 있다. "우리 집사람이 간암 판정 받은 나를 버리지 않고 돌봐줘서 재기할 수 있었다." "위암에 걸린 나를 가족이 보살폈다." 이런 데서 힘이 생기는 것이다.

부자가 되고 나서 자녀들을 다스리는 것은 아주 중요하다. 부잣집에서 아들끼리 형제의 난이 생기면 부자는 바로 망한다. "내 자녀들에게 내가 겪은 그 힘들었던 가난과 설움을 상속 안 해도 된다는 안도감을 느끼고 싶어서 죽어라 일했다." 그때의 심정을 항상 간직하면서 자녀들을 돌봐야 한다.

아래는 자녀 관리에 관해서 부자들이 말하는 생생한 스토리다.

"병원 빌딩 주인이 빈 땅에 건물 짓고 결혼한 아들과 딸을 같이 살게 하면서 나머지는 세를 주었다."

"자녀 용돈은 조금 적게 줘라. 용돈을 약간 적게 줘서 부모의 장사를 열심히 돕게 하라. 어차피 자기들이 물려받을 것이라 생각한 자녀들은 자기 눈높이까지만 보는데, 자녀들이 실제로 눈높이 위의 하늘을 보게 만들어야 한다."

"어릴 때 아빠의 돈을 안 훔치고, 엄마가 부엌 장바구니에 넣어둔 돈을 안 훔치는 아이들로 키워야 한다."

"집 계약할 때 자녀를 데리고 간다. 자녀들은 부모 사업을 알 수 없고 또한 알아도 일부만 안다. 여러 분야에서 경험을 쌓을 수 있도록 아들, 딸에게 시키는 것이 필요하다."

"아들과 딸의 이름으로 회사명을 만들어라. 그러면 내가 세상을 살면서 자녀와 함께 회사에서 생활한다고 느끼게 된다. 자연적으로."

"자녀 용돈 아끼고 자녀와 함께 기부에 나서라."

자녀에게 스스로 하게 하고 못하는 것만 도와주어라. 가끔은 협조자로서 가족을 끌어들여라. 그러나 가족의 반대도 극복해야 한다.

10 집념을 강조하는 사람이 부자다

말만 가지고 부자가 되는 것은 아니다. 부자가 되려면 '창조적 실행'을 해야 한다. 창조성이란 남들이 해본 적이 없는 것, 따라서 사람들이 모르는 것을 하는 것이다.

"제가 일을 시작할 때만 해도 아무도 하지 않았던 일이었습니다."

"국내에서 남들이 하지 않았던 전문 물류업을 최초로 했습니다."

"10년 묵힌 김치를 내 놓으니까 손님들의 얼굴이 확 피더라고요."

"4년 걸려서 책 한 권 썼습니다. 수백 번을 바꾸면서."

길이 없으면 만들어라. 이것이 중요하다. 보통 사람들은 남들이 갔던 길, 그것도 안전하다고 해야 따라간다. 이래서는 부자가 될 수 없다.

"경쟁이 없으면 항상 승리가 가능합니다. 진짜 창조를 하면 남들은 어떻게 하는지를 몰라서 베낄 수도 없고, 정보를 통제하면 나 스스로 오랫동안 이득을 향유할 수 있게 됩니다."

"내가 명품이다"라는 확고한 신념을 가지고 자기 분야에서 1위가 되도록 노력하라. 그리고 어제 한 일은 잊어버리고 일주일에 한 가지씩 새로운 일을 찾아서 하라. 그렇게 해야 부자가 될 수 있다.

"영업 나가서 손님을 설득하는데 12번을 같은 방식으로 찾아갔습니다. 완전히 뚝심으로 버틴 것이지요. 나중에는 지겹다는 표정이더군요. 그때 확 달려들어서 계약해달라고 요청했지요. 그러고 나서 매번 배달을 나가야 하는데 돈이 없어서 버스 타고 물건 나르고, 지하철 타고 배달했습니다. 눈물의 영업을 한 이후에 들어오는 돈은 전부 꼭꼭 챙겼습니다. 밥을 남과 먹으면 돈이 드니 보통 혼자서 먹었습니다. 식사를 피하기 힘든 일이 있을 때는 식당에 4명이 가서 3인분만 시켰습니다. 한 번 나간 돈은 다시는 돌아오지 않는다는 것을 아는 저는 항상 통장 쪼개기를 하면서 준비했습니다. 들어온 돈을 저축 통장, 투자 통장, 생활비 통장에 넣고 남는 것도 쪼개서 꼬마 적금을 또 들었습니다. 제 한 달 용돈이 15만 원일 때에도 쪼개서 또 적금 들었습니다. 그런 후에 회사를 아들과 딸의 이름으로 만들고 나니까 진짜 세상이 훤해지더라고요."

"부자가 되니 기분이 어떻습니까?"

"제가 부자라는 것을 실감을 못했었는데, 어느 날 허리띠를 푸는 순간에 배가 나온 것을 알고는 제가 부자라는 것을 느꼈지요. 은행 갈 시간이 없을 정도로 돈을 잘 벌었어도 부자라고 생각 못했었는데, 어느 날 은행에 가서 적금을 크게 들었더니 지점장이 은행문 밖에까지 따라

나와서 인사하더군요. 우리 애들이 밖에 나갔다 와서는 ‘아빠. 사람들이 우리집이 부잣집이래. 맞아?’ 하면 은근히 목에 힘주곤 했지요. 세일즈맨들이 의도적으로 접근하면 빼면서 달려들게 만듭니다.”

“나는 부자야”라고 할 수 있는 사람이 부자다. 재산의 양은 중요한 것이 아니고, 내가 하고 싶은 일을 할 수 있으면 성공한 부자다.

이제는 쫓겨날 걱정 없어진 사람, 사람들을 내쫓을 수는 있어도 내가 그 꼴을 당하지는 않게 된 그 사람, 돈 모으는 기계라고 생각하는 사람, 정년퇴직이 없는 사람, 그 사람이 부자다.

# 내적 만족을 느끼는 사람이 부자다

부자란 '정신적으로 자신이 하고 싶은 일을 하고, 물질적으로 어느 정도 여유가 있고, 사회적으로 인정을 받는 사람'이다. 내가 하고 싶은 인생의 목표를 달성하려면 부자가 되어야 가능하다. 자유롭고 편히 살면서, 물질이 더 있는 사람을 부러워도 하지 않고 그저 편하게 살면 부자다. 화초 같은 생이 아니고, 잡초 같더라도 생을 이겨내는 부자가 되어야 한다. 진짜 부자는 이렇게 말한다. "남들을 도와주고 싶어서 변호사를 선택했다." "아픈 사람을 치료해 주려고 의사가 되어서 열심히 살다 보니 부자가 되었다."

부자란 창조적인 정신을 가지고서 물질의 풍요를 만들고, 사회를 위해서 좋은 일을 하는 사람이다. 부자들이 주의해야 할 것이 '자신의 이름을 위해서 일하지 말라'는 것이다. 필자는 이것을 공명함정(Name

Trap)이라고 부른다. 남들이 알아주기를 바라고 눈에 보이는 행동을 수시로 하는 사람들은 진짜 부자가 아니다.

부자는 자기의 내적 만족으로 자부심을 느끼는 사람이다. 명품을 좋아하는 어느 부자의 부인은 백화점의 명품 값이 합리적이라고 판단되었을 때 하나 사서 허름한 쇼핑백에 담아 백화점 뒷문으로 나온다. 그리고 집에 가서 혼자 있을 때 입고 거울에 자기 몸을 비추어 본다. 가짜 부자는 가격도 안 따지고 신용카드 긁어 명품을 사서 보란듯이 길거리를 휙휙 돌아다닌다.

진짜 부자와 가짜 부자는 무엇이 다를까?

진짜 부자는 이름의 함정에 빠지지 않는다. 가짜 부자는 이름에 빠진다. 이름은 남이 자신에게 붙여 주는 것이 진짜다. 재벌 회장 사모님이 허름한 소파에서 가짜 명품을 끼고 앉아 있어도 남들이 부자라고 알아준다. 아무리 에르메스를 껴안고 몰테니를 들여 놓아도 가짜는 가짜다.

지금 상태에 만족하면 부자다. 돈보다 더 의미 있는 것을 찾아야한다. 그러다 보면 물질은 그냥 따라오는 부수적인 것일 뿐이다. 돈으로 시간은 살 수 있다. 그러나 진정한 인간의 가치를 살 수는 없다. 내가 돈이 있을 때는 멋진 차나 맛있는 것도 별것 아니라고 생각한다. 부럽지도 않다. 그러나 내가 돈이 없을 때는 하고 싶은 것, 먹고 싶은 것이 늘 넘쳐 보인다.

진짜 부자는 1,000원짜리 일곱 장을 가지고도 은행에 가서 입금을 요구한다. 부끄러운 것을 넘어서야 한다. 먹고사는 것에 지장이 없으면 알찬 부자가 될 수 있다. 그 후 제대로 된 부자로 올라간다.

어릴 때 책 읽는 것을 좋아했는데 책 살 형편이 안 되어서 책을 마음껏 읽으려고 노력해서 부자가 된 사람도 있다. 이제는 책을 베개 삼아서 산다. 이런 여유를 가지고 정신적, 물질적, 사회적으로 풍요롭게 사는 사람이 부자다.

너무 인위적인 것에만 매몰되지 않고 자연과 함께 살아가야 한다. 자연의 요소로 이루어진 우리의 몸을 자연처럼 운영하라는 것이다. 자연스럽게 사는 사람이 부자다.

부자가 아닌 사람들에게 가장 궁금한 이야기는 진짜
부자 이야기다. 진짜 부자들이 어떻게 부자가 되었는
지 진솔한 이야기를 들어보자.

부자
그들의 속살

01 부자들의 이야기를 들어라

반드시 부자가 되겠다고 굳게 결심해야 부자가 될 수 있다. 고 정주영 회장은 자신이 하는 일에 1퍼센트의 의심도 하지 않았고 반드시 성공할 것이라고 믿었다. 그래서 살아생전에 많은 성공을 거두었고 그 결과 부자가 되었다. 아래는 우리나라에서 자수성가한 부자들의 실제 이야기다.

촌에서 맨손으로 서울행 야간열차를 타고 올라온 A씨는 하루에 공사장 두세 군데씩을 돌아다니고, 숙박료를 아끼려고 설렁탕집 야간 청소를 해주고 가게 의자를 붙여 잠을 잤다. 포장마차를 하면서 손님이 남긴 것을 먹으면서 돈을 모아, 그 결과 빌딩을 인수하고 자영업과 임대업을 하면서 부를 축적했다.

B씨는 120만 원 가지고 길거리 노점을 시작했다. 100만 원을 들여 위생용 철판을 주문제작 하고서 깨끗한 옷을 입고 손님들에게 노래를 서비스하며 음식을 팔았다. 하루에 20시간을 메뉴 개발 생각만하면서 단골을 늘려갔다. 손님이 모이자 프렌차이즈업으로 전환해 가맹점을 늘렸다. 6개월 동안에 가맹점이 어느 정도 자리를 잡으면 가맹비를 돌려주었다. 많은 사람들이 모이고 결국 성공을 거두었다.

C씨는 집안에서 비전으로 내려오는 한방 비법들을 활용해 건강식품을 만들었다. 대리점을 모집하면서 선취로 대리점 지역권을 팔며 돈을 받아 사업을 시작했다. 대리점 사업이 생각보다 진도가 늦으면서 비용만 들자 자신의 모든 재산을 팔 준비까지 했다. 그러자 곧 매출이 늘면서 나중에는 한방 전문 병원을 세울 수 있었다.

D씨는 한 번 마음먹은 일은 반드시 수행한다는 결심을 가지고 주류 영업을 하면서 모든 어려움을 극복했다. 한 번은 점심부터 하루에 13차를 다니면서 영업 대상을 끈질기게 설득해서 영업권을 따내었다. 그날 새벽 4시에 집에 들어가기가 힘들어서 아예 회사 숙직실에서 잠을 자고 6시에 출근했다.

E씨는 고교 졸업 후에 시작한 가전제품 수리업으로 자금을 모았다. 이후 동생들과 아는 사람들을 끌어들여 가게를 확장해서 가전 대리점을 개점했다. 동생들과 아는 사람들이 자신이 구상한 대로 수행하지 않

으면 온갖 회유와 압박을 통해서 일을 꼭 해냈다. 자신의 영향력 아래 있는 점포의 매입량이 늘자 가전제품 제조회사가 사입비용을 내려서 매출이 늘었고 부의 길로 고속 상승했다.

F씨는 아버님이 4형제에게 물려준 유산 중 자신의 몫을 가지고 서울에 와서 대형시장에서 옷가게를 시작했다. 부인의 바느질 솜씨로 만든 옷을 늘려가면서 자신은 일수를 시작했다. 사채가 늘어가면서 몇 번 뜯길 뻔도 했으나 그때마다 끝까지 추적해 다 받아냈다. '나는 절대로 돈을 놓치지 않는다' 는 각오로 결국 돈 산을 쌓을 수 있었다.

G씨는 150만 원 월급 중 90퍼센트를 주식에 집어넣으면서 초인적인 절약으로 살았다. 라면으로 세 끼를 때우며 먹다 남은 소주를 일주일 동안 아껴 마셨다. 매월 투자하는 금액이 반토막이 나도 눈 깜짝하지 않고, 심지어는 3분의 1 이하로 떨어져도 생활비를 더 줄여 주식 투자를 늘렸다. 결국 10년이 지나자 거액이 되었고, 주식을 모두 팔고 다시는 주식 투자를 하지 않았다.

고위 공무원인 아버지의 청렴성에 반한 딸 H씨는 화장실 물을 아끼고, 생전 화장품을 자기 돈으로 구입하지 않으면서 조금씩 부동산을 매입했다. 아버지의 부하 공무원과 결혼하자 아버지 밑에 있을 때보다 더 절약하면서 부동산 매입을 서둘렀다. 아버지와 남편이 청렴 공무원으로 표창을 받는 사이에 그 박봉으로도 서울 강남에 있는 100억 원짜리 빌딩을 자신 이름으로 가지게 되었다.

I씨는 공고를 나와 하수도 일을 하다가, 건물 부자를 만났다. 모든 건축수리공들이 못하는 일을 밤새워 가면서 수행했다. 누수가 생기면 한겨울에 빌딩 4층에서 메뚜기잠을 자면서 누수 원인을 찾아주고, 여름 태풍에 지하 보일러가 역류하면 헤엄을 치면서 보일러를 고쳤다. 건물 주인의 신임을 받으면서 온 동네의 빌딩수리를 거의 도맡아 하여 이제는 회장님이 되었다.

J씨는 상속받은 재산이 꽤 많은, 전직 일어 교사였던 50대 미망인이 하는 음식점에 하루같이 365일을 들락거렸다. 미망인의 음식 솜씨가 별로였으나 매일같이 점심과 저녁을 하면서 눈도장을 찍은 끝에 미망인의 마음에 들게 되었다. 일본 붐이 불기 시작할 것을 예측하고 하루에 다섯 끼씩 미망인의 식당에서 음식을 사먹으면서 끈질기게 요청한 끝에 일본책 출판업에 뛰어들었다. 음식점에 딸린 집을 출판사 사무실로 쓰면서 숙식을 해결했다. 자신의 모든 돈을 털어 넣어 배팅한 책의 인기가 급상승했고 미망인과 혼인하면서 대박이 났다.

필자는 여러분이 부자의 길에 들어설 수 있도록 도와주려고 한다. 전 세계와 우리나라의 부자들이 어떻게 부자가 되어 왔는지를 분석하고 그중에서 핵심만을 뽑아서 알리려는 것이다.
반드시 된다고 생각하면 여러분도 부자가 될 수 있다.

혹시 부족한 부분은 우리들이 준비 중인 오프라인 강의나 오프라인 컨설팅을 통해서 보완할 것이다. 여러분이 현재보다 나아지는 자신을 발견할 수 있다면 그것으로 필자는 만족한다.

삼형제가 함께
부자가 되다

각자 자기 집을 가지고 있는 첫째 아들과 둘째 아들 그리고 집이 없는 총각인 셋째 아들이 있었다. 이들은 함께 부자가 되자고 결심을 했다. 그리고 셋이 모여서 어떻게 할까 논의해서 의견을 모았다. 그들이 실행한 방법은 이렇다.

일단 삼형제가 돈을 모으려고 집을 합쳤다. 첫째 아들의 32평을 팔고, 둘째 아들의 24평을 전세 놓고, 집 없는 막내도 적금 탄 것 일부를 보태서 셋이서 값이 상당히 저렴한 50평 아파트를 골라 첫째 아들의 이름으로 샀다. 방 4개, 화장실 2개짜리 아파트다. 그리고 셋째 아들이 타고 다니던 중고차를 팔았다. 돈이 모였고, 비용이 줄었다.

직장 다니던 첫째와 셋째가 모두 사표를 내고, 부동산을 하던 둘째 아들과 같이 사업을 시작했다. 삼형제가 힘을 모아서 부동산과 음식점을 하기로 결정했다. 첫째가 직장 퇴직금을 받은 것을 모두 합쳤다.

자녀가 1남 1녀인 첫째 형수와 자녀가 어린 딸인 둘째 형수가 논의를 해서, 첫째 형수가 음식점 운영에 들어갔고 둘째 형수가 자녀들 셋을 맡았다. 아이들 모두 동시에 학원을 끊고 공부도 가르쳤다.

부동산은 아침 8시부터 오후 8시까지 주말 없이 일 년 내내 열기로 삼형제가 합의했고, 셋이 모두 부동산으로 출근한다. 기독교를 믿는 둘째 아들 부부만 일요일에 교회를 갔다. 남자들은 부동산에 매달리면서 손님들을 번갈아 맡아 일대일 관리를 하고, 좋은 매물이 나오면 2명의 손님들을 묶어서 같이 매입했다. 그들은 투룸과 오피스텔을 사기 시작했다.

첫째와 셋째는 오후 4시 30분에는 부동산을 나와서 음식점으로 가고, 둘째는 계속해서 부동산을 오후 8시까지 지키다가 문을 닫고 집으로 들어간다. 둘째는 오전 8시에 출근하고, 첫째와 셋째는 오전 10시에 출근한다. 음식점은 오후 5시부터 오픈한다. 첫째 형수가 낮 3시부터 음식점에 나가서 준비를 시작하고 첫째와 셋째는 4시 30분이면 음식점으로 가서 준비를 한다. 음식은 첫째 형수가 독특하게 개발한 메뉴에 둘째 형수가 손을 도와서 점점 새롭게 만들었다. 종업원은 두지 않고, 아들 2명과 첫째 형수가 같이 하고 초저가 박리다매 전략을 썼다. 음식의 판매가 점점 늘자 배달 알바를 2명 쓰면서 쉽게 찾을 수 있는 아파트촌에만 배달을 했다.

부동산과 음식점에서 식사를 해결하니 거의 비용이 들지 않았다. 돈이 점점 불자 둘째가 주식을 하며 부동산을 틈틈이 보았고, 첫째는 음식프랜차이즈를 내려고 다른 점포자리를 보러 다녔다. 셋째는 정부에서 나오는 창업지원금을 받으려고 노력했다. 첫째의 처남과 둘째와 셋째의 믿을 수 있는 친구들을 합해서 모두 다섯 개의 가맹점을 냈다. 전부 삼형제가 가게를 계약해 보증금을 내고, 본점 이름으로 오픈했다. 외부 사람들에게 장사를 맡기면서 수익금의 절반씩을 나누어 갖기로 했다. 한 달에 3,000만 원 이상의 순수익이 나오면서 가맹점을 점점 늘려나갔다. 이렇게 삼형제가 모두 부자가 될 수 있었다.

철저한 계획과 노력 그리고 협력이 함께한 결과다.

세계적인 부자는 워렌 버핏이나 빌 게이츠와 같은 거부이고, 우리나라의 부자는 재벌 회장들이라고 거창하게 생각하는 사람들이 많다. 그러나 실제로 부자란 우리 주위에서 비교적 흔히 볼 수 있는 사람들이다. 은행을 나올 때 지점장이 고개 숙여 인사하는 사람이 부자이고, 손님이 득실거리는 빌딩의 주인이면서 닭갈비집을 하고 있는 사람이 부자이고, 20년 정도 더 되어 보이는 옷을 입고 다니며 끊임없이 새로운 일을 찾는 사람이 부자다.

우리 주위의 부자는 보통 사람과는 다르다. 국내 굴지의 재벌 그룹의 창업자는 부자가 되고 싶으면 맨손가락을 철판에 대고 눌러서 철판이 뚫릴 정도의 노력을 해야 한다고 말했다. 그런 노력을 한다면 누구나 부자가 될 수 있다.

그들은 자기 고집이 강하고, 자기가 정한 것은 꼭 지키고, 독하고, 냉정하다. 짜고 또 짠 것 같은 그들을 도외시할 것이 아니라, 그들만의 장점을 꼭 찾아내 배워야 부자가 될 수 있다.

내가 반드시 부자가 될 것이라고 믿고 절대로 흔들리지 않으면 부자가 될 수 있다. 손가락이 휘어질 정도로 일을 해대면 부자가 될 수 있다. 일하다가 쓰러져 그대로 잠을 잘 정도로 열심히 일에 매진하면 부자가 될 수 있다. 아침 일곱 시에 겨우 일어나는 버릇을 고치면 부자가 될 수 있다.

부자가 되는 것은 자신과의 싸움이다. 자신의 습관을 바꿔라. 1년간 매일 30분씩 습관을 바꾸도록 노력하면 모든 습관이 바뀐다.

나보다 먼저 부자가 된 사람들의 성공 비법을 이제라도 깨달아 배우도록 노력하라. 워렌 버핏은 딸에게 돈을 빌려 주면서 차용증을 받을 정도로 악착같이 돈을 모았다. 이런 돈을 절대로 주식 투자에서 잃지 않겠다는 원칙을 고수했다. 월마트의 창업주 샘 월튼은 세상을 떠나기 전날까지 트럭을 몰고 월마트 지점을 돌아다니면서 개선했다. 이런 것을 배워라.

이와 같이 거창한 사람들이 아니더라도 우리 주위에는 자기 나름대로의 비법을 터득해서 성공한 사람들이 있다. 52번을 퇴짜 놓은 결과, 대히트를 치는 새로운 음료수를 기어코 만들어낸 부자가 있다. 부하 직원들이 화장실도 못 가게 회의실 문을 걸어 잠그고서 12시간을 회의해서 새로운 것을 찾아낸 부자도 있다. 부동산 중개업자들을 경쟁시키면서 똑같은 땅을 50번 이상 보러 가 결국은 대박이 난 땅을 매입한 부자도 있다. 이런 이야기는 수천 개, 아니 수만 개가 된다.

성공 비법을 몰라서 부자가 못 되는 경우는 드물다. 몇 개의 성공 비

법이라도 자신이 선택하고 실행해 끝까지 밀어붙이는 것이 부자의 길
이다.

똥고집이니, 막무가내니, 지독하다느니 하는 말을 듣는 사람들이 부
자다. 냉혹하고 무자비하고 일을 시작하면 끝을 보자는 사람들이 부
자다.

앞으로 여러분은 남들이 한 것보다 더 힘든 시련의 길을 기꺼이 걸
어야 한다. 그래야 부자가 될 수 있다. 부자의 길은 장밋빛으로 다가오
지 않는다.

모든 역경을 극복한
진짜 부자 이야기

부자가 될 각오를 다졌는가? 부자가 되는 가장 좋은 방법은 부자들을 만나서 내가 생각하고 있는 것을 그들과 비교해 보는 것이다. 이번에는 역경을 극복한 부자의 이야기를 들어보자.

● 수십 년 동안 보험왕을 한 어느 여성분은 과로로 쓰려져서 병원에 실려 가서도 주사를 놓으려는 간호사에게 '보험을 들면 주사 맞겠다'고 억지를 부렸다. 근엄한 의사가 다가서자 '박사님이 보험에 들어야 치료받겠다'고 했단다. 결국 자기의 생명을 담보로 간호사와 의사에게 보험 2개를 팔았다는 보험왕의 거짓말 같은 정말이다.

● 어떤 사람은 군대 제대하고 먹고살 길이 없어서 리어카를 끌고

손수 만든 버거를 팔려고 6개월 동안 하루에 16시간씩 가게에서 버텼다. 그런데 손님은 오지 않았다. 군대에서 단련된 몸으로 6개월 동안 리어카를 지켰는데 불행하게도 손님은 딱 두 명이었다. 그러나 그의 집요함에 반했는지 어느 순간 손님이 갑자기 늘었다. 점포를 내면서 프랜차이즈 사장이 되었다.

● 좋은 대학을 나와 회사 일에 목숨을 건 사람이 있었다. 일단 일이 떨어지면 끝까지 해냈다. 그러다 한 번은 얼굴에 버짐이 생겼다. 직원들이 병원에 다녀오라고 하는데도 그냥 버티고 일하면서 일주일 동안을 회사 밖으로 나가지 않았다. 버짐이 번져서 직원들이 우려의 눈길을 보내자, 불에 달군 인두를 가져와서 자신의 얼굴을 지졌다. 버짐이 싹 없어졌고 그는 일을 계속했다.

● 어느 수입업체 여사장이 백화점에 매장을 냈다. 국내에서 처음 보는 신기한 수입품에 손님들이 몰려들자 그 백화점의 여러 점포에 매장을 연달아서 열었다. 그리고 나름대로 마케팅을 잘해나갔다. 그런데 백화점에서 갑자기 퇴점 명령이 내려왔다. 끝까지 내보내겠다는 백화점의 의지에도 그 여사장은 막무가내였다. 여사장은 백화점의 철수 명령에 반대하며 매장에서 시위를 하였다. 백화점 매장에서 화장실도 안 가고 우산으로 가려서 소변을 해결하며 결국 버텨냈다.

● 어느 기업체의 초고속 승진 직원은 결혼식 날이 정해지자 고민에

빠졌다. 일이 산더미같이 쌓였는데, 결혼 때문에 일을 그만둘 수 없었다. 그래서 그냥 결혼은 결혼이고, 나는 일에 매진한다고 결심하였다. 결혼 준비는 신부가 다 하고 결혼 당일 11시에 상사에게 "잠시 결혼하고 오겠습니다"라고 보고하고는 결혼식 끝나고 2시에 바로 귀사해서 일을 했다. 그는 결국 최고경영자가 되었고 퇴사할 때 회사에서 받은 돈으로 부자가 되었다.

● 라면을 워낙 좋아했던 남동생과 누나가 라면 가게를 시작했다. 매운 것이 최고라는 판단에 그들은 매운 라면을 끓이고 또 끓였다. 그런데 매운 맛이 제대로 나지 않았다. 보름을 넘기고 세 달이 지나서 결국 비법을 터득했다. 가게를 오픈하자 손님들이 벌 떼같이 몰려들었다. 매장 오픈 후 일주일 만에 대박이 났다. 약간 한숨을 돌린 후에 자신들이 끓여서 맛본 테스트 라면의 개수를 세어보니 네 자리 숫자가 넘은 것을 보고 그들 스스로도 놀랐다. 그래도 라면 부자의 혀는 무사했다.

● 대리점 영업을 시작하려고 하는데 막상 돈이 없는 한 사람이 꾀를 내었다. 사람들에게 대리점 영업권을 줄 테니 미리 선보증금을 달라고 했다. 지역을 나누어 주자 들어오는 돈이 꽤 되면서, 사업 준비가 어느 정도 되었다. 그런데 또 돈이 모자랐다. 나이 어린 여동생의 남편이 부자인 것을 상기하고는 다섯 번을 찾아가서 자존심 버리고 빌고 또 빌어서 돈을 빌렸다. 그렇게 모은 돈으로 사업을 시작했는데 막상 사업이

하향 길을 계속 치달아갔다. 마지막 각오로 '내 피를 팔자' 하고 결심하고 막상 피를 팔려고 하는 순간에 밀린 외상금들이 들어오면서 기적같이 회생했다. 그 후로 그는 대리점 사장이 되었고, 결국에는 회장이 되었다.

● 명문대학을 졸업한 남편과 여대를 졸업한 부인이 결혼했다. 결혼 직후부터 부자의 길을 모색해온 부부는 다양한 수익원을 만들어야 한다고 의견을 모았다. 명문대를 나온 남편은 주5일 근무제가 확고한 대기업체에 근무해서 저녁에는 칼퇴근을 했다. 회식을 거부하고 시간이 나는 대로 서점에 가서 주식 관련 책들을 탐독하기 시작했다.

그리고 부인과 유원지에 점포를 보러 갔다. 목이 그렇게 좋지는 않지만 보증금과 월세가 비교적 적은 점포를 골랐다. 점포 주인과 보증금을 확 줄이고 월세를 꽤 높게 주기로 임대계약을 했다. 또, 매월 말일에 월세를 내는 것이 아니라, 선월세를 매월 1일에 주겠다고 했다.

유원지는 주말에는 등산객과 방문하는 손님들이 꽤 되지만 주중에는 거의 없었다. 그래서 주말에는 부부가 같이하고 주중에는 폐점하기로 결정했다. 부인은 주중에 남편이 선정한 종목을 오전에 매입하는 주식대리인이 되었고, 오후와 야간에는 아파트 지역 거주자들의 자녀 과외를 했다.

남편이 받는 월급을 거의 다 적금에 넣고 가게 보증금을 줄여서 생긴 돈으로 주식을 했다. 부인이 과외해서 버는 돈으로 주중 생활비를 하고 주말에는 유원지에서 둘이 벌어 그 돈으로 펀드에 들었다.

3년 후에는 대형 아파트를 살 자금이 모였다.

여러분은 이 정도로 하실 각오가 되어 있는가? 꼭 해야만 한다.

<table>
<tr><td>04</td><td>온 가족이 함께
부자가 된 사람들</td></tr>
</table>

04 온 가족이 함께 부자가 된 사람들

모이면 부자가 될 확률은 높아진다. 특히 가족끼리는 더욱 그렇다. 가족이 모여 부자가 된 이야기를 들어보자.

● 집에서 대대로 내려오는 한방 약재상을 해오던 가족의 대학생 막내아들이 브라질로 1년 어학연수를 갔다. 브라질에서 원주민들의 특이 체질을 관찰하고는 접근해서 천연 약초들을 입수할 수 있었다. 효능이 있다는 막내의 말에 동영상과 사진 자료를 전송받은 가족들이 분석에 들어갔다.

국내에는 특별한 분석 도구가 없어서 유럽의 몇 개국에 탐문한 끝에 아주 뛰어난 효능이 있는 약초들이라는 결과를 얻고 본격적인 약재 제조에 들어갔다. 직장을 다니던 가족들이 전부 사표를 내고 수도권의 조그마한 창고에서 건강보조식품을 생산했다.

소비자들에게 광고가 되지 않은 것을 커버하기 위해 트위터, 페이스북, 싸이월드 등의 SNS를 총동원해 알리기 시작했다. 문의가 들어오면 일단 무료로 샘플을 보내고, 효과를 느끼면 구매하도록 유도했다.

효능을 느낀 사람들이 지속적인 주문을 해와서 원료가 부족해지자, 막내아들은 대학을 중퇴하고 브라질에 눌러앉아 브라질 여성과 결혼하고 원재료를 지속적으로 공급했다.

● 4형제가 있는 어느 집안에서 제삿날 모두 모여 같이 부자가 되기 위해 의기투합했다. 그들은 돈을 모아서 주식 투자를 하기로 했다. 적금을 해지하고 주택담보대출금을 받은 돈을 합해서 전부 3억 원을 가지고 시작하였다. 형제 중 한 명이 주식 투자를 전업으로 하고, 직장 생활하는 3형제는 필요할 때마다 돕기로 했다.

주식 투자의 원칙은 아주 간단했다. 시가총액 100위 안에 있는 주식들이 시세 대비 10퍼센트 이하가 빠질 때만 매수한다. 그리고 기다리다가 적절하게 오르면 판다. 그런데 가끔은 시세 대비 10퍼센트 이하가 빠진 주식을 매수해도 더 빠질 때가 있는데, 이때는 빠지는 원인을 면밀히 분석한다.

회사 영업이나 재무 상태와 직접 관련이 있어서 하락할 때는 기다리고, 외부 요인으로 빠질 때는 매수에 들어간다. 단 이때에 매수 들어갈 때는 그동안 형제들이 모은 돈을 다시 받아서 들어간다. 그리고 기다리다가 오르면 매도한다.

전업 투자자는 종목 선정에만 전념하고 생활비를 최소로 하되 형제들이 도와준다. 3형제는 회사일에 치중하다가 주말에는 모두 각자 부업을 한다. 그렇게 모은 돈을 가지고 전업 투자자의 생활비를 일부 지원하고 나머지는 모았다가 주식 가격이 빠지면 매수한다.

생활비에 대한 부담이 적어진 전업투자자는 여유 있게 투자를 하여 이익을 낼 수 있었다.

깨달음으로 부자가 된 사람

부자가 되고 싶은 열망만 가지고 부자가 되는 것은 아니다. 자신이 부자가 될 정도의 공부를 해야 한다. 학교 성적이 하위권이었더라도 상관없다. 책상머리 공부와 부자 공부는 차원이 다르다. 단 당신이 진짜로 부자 공부를 하려면 자신만의 독특한 방법을 개발해야 한다.

부자가 되겠다는 욕구를 가지는 것보다 더 중요한 것은 그 욕구에 대한 확신의 강도다. 욕구를 반드시 성취시키겠다는 확고한 신념이 있어야 일이 성사된다. 부자가 되는 방법은 이 세상에 몇십 가지가 안 되는데, 부자가 못 되는 방법은 수천 가지가 넘는다. 전기를 발명한 에디슨의 유명한 일화가 그것을 뒷받침한다. 그는 2천 번이 넘게 실패한 끝에 전기를 결국 발명하였다.

자기 의심을 낮추라. 나는 반드시 된다고 자기최면을 걸어라. 그리고 자기감시성(self-monitoring)을 낮추라. 자기감시성이란 남들의 말이나 눈치에 자신이 반응하는 정도를 의미한다. 자기감시성이 높은 사람은 남의 말을 잘 듣거나 눈치에 따르는 데 반해서, 자기감시성이 낮은 사람은 자신이 원하는 일을 남의 눈치를 보지 않고 한다.

반대는 항상 있다. 무책임한 반대의 목소리에 크게 귀를 기울일 필요가 없다. 남의 눈치보다는 자신의 능력을 갖추어 나가는 것이 중요하다.

우리나라의 많은 부자들이 사용해서 성공한 부자 공부 원칙이 있다. 학교 다닐 때 항상 꼴찌를 했다는 어느 부자는 세상에서 배운다고 믿었다. 그러면서 항상 조금의 이익은 장기적으로 손해고, 조금의 손해는 나중에 큰 이익인 것을 배웠다. 조금만 손해보고 살자고 생각했더니 지금은 동그라미 11자리의 재산가다.

버스터미널에서 새우잠을 자면서 서울 생활을 시작한 전라도에서 온 김 씨는 실패라는 단어는 이 세상에 존재하면 안 된다고 스스로 믿었다. 한 번 실패면 족하다. 두 번은 없다.

"위험 대비책을 항상 3가지씩 준비하기로 작정했습니다. 그랬더니 실패가 없더라고요."

촌에서의 그런 생활을 되풀이하고 싶지 않다는 생각이 자신을 바꾸었다고 말했다. 매일 보고 듣는 것들 중에서 자기가 배울 것들을 찾아 나갔다.

금을 몇만 돈 가지고 있어도 헤프면 금세 다 날아간다고 굳게 믿은 그는, 쓰는 것보다 많이 벌면 부자라고 스스로 부자의 정의를 내렸다.

절약해서 열심히 일하면 과거보다 조금 더 나아진다. 2,000원을 벌면 그날은 굶었고, 4만 원을 벌면 4,000원으로 하루를 해결했다. 나이가 들어갈수록 목표가 커져야 한다는, 어느 날 우연히 본 TV 속 어느 교수의 이야기를 새겨들었다. 매일 같이 목표를 늘려갔다. 고생을 시작한 지 몇 년 만에 손에 1억 원을 쥐었다. 스스로 돈의 원리를 정의 내린 그는 생각했다. '1억은 힘들다. 2억은 순간이다. 10억은 바로 들어온다.' 현재는 많은 돈을 벌어서 외제차 2대 포함해서 차가 다섯 대 있다. 마누라는 외제차를 타고 다녀도 자신은 자기 회사로 출근할 때 지하철 타고 가면서 공짜 신문까지 구해서 다 읽는다.

세상에서 부자가 되는 법을 배운 꼴찌 출신 부자의 이야기다.

고객에게 맞춰
부자가 된 사람들

부자되는 나만의 노하우를 터득할 필요가 있다. 남들에게는 안 가르쳐 주고 싶은 자신만의 노하우를 어떻게 배울 수 있나? 직접경험에서 대부분을 배우고, 그리고 듣거나 읽는 것과 같은 간접경험에서 또 배울 수 있다.

● 중학생 때부터 학교 파하면 중국집에 가서 요리를 배웠다는 탁 선생은 요리의 달인이다. 중국집을 해서 돈을 모으더니, 그 다음에는 갈비집으로 바꾸었다. 손맛이 밴 독특한 갈비맛에 사람들이 매료는 되는데, 손님들이 술을 마시지 않았다. 그래서 생각해 낸 묘수가 있다.

"무료로 대리운전 서비스를 했습니다. 물론 보험에 가입한 대리기사들을 많이 구하는라 비용도 꽤 들었으나, 손님들이 댁까지 모셔다 드린다고 하니까 신나하는 것입니다. 그리고 손님이 내리고 나면 대리기사들더러 조금 후에 따라가서 집이나 아파트 주소를 알아오라고 했습니다. 알아오면 1,000원씩 더 주었지요. 그리고 갈비 한 대 서비스하는 무료쿠폰을 날렸습니다. 손님들이 진짜 몰려들더군요.”

● 50대에 아파트 5개와 오피스텔 2개를 가진 여자 부자는 조그만 아파트에 살 때 이웃 주민들에게 인삼을 파는 일부터 시작했다. 그리고 그때 경험을 밑바탕으로 해서 보험으로 발을 넓혀갔다. 고객들의 집에 하도 많이 들어가 봐서 이제는 눈을 감아도 고객들이 어떻게 사는지가 보인다. 집은 50평이 넘는데 가구는 없는 집에는 그에 맞는 보험을 권유하고, 24평짜리 집에는 또 그에 맞는 보험을 팔았다. 이런 것이 자신만의 노하우다.

● 자동차 세일즈맨 출신의 박 사장은 아침에 일어나면 서로 다른 유형의 신문을 다섯 개씩 보면서 경제, 정치, 문화, 사회, 스포츠를 줄줄이 꿰었다. 처음 만나는 손님에게 한 번 질문을 던지고 그 답에서 바로 그 분이 좋아할 것 같은 주제를 찾아내 말을 이어갔다. 질문을 던질 때는 여러 가지 측면을 포함해서 던진다.

“요새 기름값도 올라서 생활이 불안정한데 유명 스포츠 스타 누구는 돈도 많이 벌어서 펀드에 넣었다고 합니다. 펀드 수익률이나 올려주면 다음 선거에서 여당이 이길 텐데요.”

이렇게 다양하게 해석이 가능한 주제를 던져놓고 상대방이 반응하는 측면으로 파고 들어간다.

● 중학교 때 반에서 일등을 할 정도로 공부는 잘하지만 먹을 것이 없어서 걱정하던 학생은 뜻밖의 제안을 받아들였다.

"같은 반 학생의 부자 어머니가 집에 들어와서 같이 자면서 친구 공부를 도와달라는 말에 '예' 하고 대답하였습니다."

그리고 나서는 그 집에서 살면서 숙식을 해결하고 자신이 관심이 있었던 옷에 신경을 쓰기 시작했다. 지나가는 사람들의 옷과 체형을 유심히 관찰해서 새로운 요소가 있는지를 배우는 것이다. 그러다가 자신의 이름으로 옷가게를 내서 히트를 쳤다. 한 번 보면 잊지 않는 감각으로 매처럼 기회를 포착하는 노하우를 스스로 개발하였다.

07 습관을 바꾼 부자 이야기

부자가 된 사람들이 하는 말 중에서 가장 중요한 것은 '자신이 만든 원칙을 지키는 것'이다. 오늘 끝내기로 한 일은 반드시 끝내고 잠자리에 들겠다라는 자신과의 약속을 준수하는 사람이 부자가 된다.

자신이 스스로 개발한 좋은 습관들은 행동추진력을 가지면서 일을 스스로 만들어 간다. 생각은 행동과 밀접한 관련이 있다. 정신과 물질은 완전히 분리된 것이 아니다. 상호 간에 서로 영향을 미친다.

꼭 해야 한다는 목표를 정하고, 이것을 달성할 수 있는 좋은 습관들을 개발해서, 행하므로써 목표달성이 되게 하는 것이 부자의 길이다. 반드시 이것을 하겠다고 스스로 결정했다가도 그날 친구가 유혹해서 못하고, 집에서 일이 생겨서 못하고, 잠이 와서 못하면 부자의 길에서 점점 멀어진다.

부자가 되는 것이 더 중요한 목표인가, 나쁜 습관을 바꾸는 것이 더 중요한 목표인가? 당연히 부자 되는 것이다. '나는 반드시 부자가 된다' 라고 최상위 목표를 정했으면 그것에 장애가 되는 모든 요인들은 스스로 제거할 수 있는 결단력과 추진력이 있어야 한다.

'부자는 독하다' 라는 말도 있다. 부자가 아닌 사람은 '그 부자는 너무 독해. 짜고 또 짜도 피가 안 나올 거야' 라고 평을 한다. 부자란 엄청나게 자신을 절제하면서 눈앞의 장애요소들을 헤쳐나간, 정신과 육체를 합해 노력한 결과이다. 습관을 바꾸고 행동하면 많은 결과들이 나타나게 된다. 그 결과가 바로 부자인 것이다.

부자가 되는 것은 자신과의 싸움이다. 매일 30분씩 자신의 습관을 바꾸도록 노력하면 1년이면 모든 습관을 바꿀 수 있다.

혹시 아직도 내가 하는 일에 방해가 되는 습관들을 고치지 못하였다면 목표를 다시 검토하라. '나는 정말로 내가 하고 싶은 일들을 추진할 부자가 되려는 것일까? 한 번 생각하고, 5분 후에 다시 생각하고, 30분 후에 다시 생각하고, 2시간 후에 다시 생각하고, 식사 후에 다시 생각하고, 하룻밤 자고 나서 다시 생각하라.

진정으로 하고 싶은 일들을 하는 부자가 되고 싶다면 이 세상의 어떠한 장애물도 헤쳐나갈 수 있어야 한다.

정말 되고 싶다면, 자신이 가져야 할 좋은 습관들을 계발하라. 그리고 자신이 가지지 말아야 할 나쁜 습관들을 포기하라.

3년 전에 부인이 암으로 세상을 떠난 50살 남편은 24살의 아들과 21살의 딸과 살고 있었다. 부인과 사별 후에 집이 적적해지자 처녀인

40살 여성과 재혼을 하기로 했다. 아들과 딸의 동의를 구하는 과정에서 딸이 새엄마와 선물 쇼핑몰을 운영하면 어떠냐는 제안을 했다.

새부인은 68살 건강하신 장모님과 38살의 역시 미혼인 처제와 함께 살았다. 상의 끝에 두 집을 합치기로 하면서 양쪽의 아파트를 다 처분하고는 재개발 지역의 연립주택으로 이사했다. 가격도 싸고 몇 년 후에 재개발되면 아파트가 하나 생길 것이라는 기대도 있었다. 게다가 쇼핑몰을 하려면 아파트보다는 창고가 있는 연립주택이 낫다고 생각했다.

솜씨와 감각이 있는 새부인이 주도하고 온 가족이 같이 쇼핑몰을 시작하면서, 중소기업을 다니던 남편은 퇴사하고 쇼핑몰에 전념했다. 아파트 2채를 팔아 생긴 돈과 퇴직금을 모아 자본금을 마련하고 선물가게들을 공동주주로 하는 쇼핑몰 회사를 차렸다. 서울 지역의 선물가게들 100여 곳을 전부 주주로 받아서 투자금을 조금씩 받았고 부인이 대표이사가 되면서 자본금이 꽤 큰 회사를 만들었다.

군대 갔다 온 아들이 쇼핑몰을 운영하면서, 부인이 선물 가게들과 접촉해 알게 된 독특하고 신기한 선물들을 처제와 딸, 심지어는 장모와 논의하고 올렸다.

그리고 남편은 야간 편의점 배송을 시작하였다. 낮에 주문이 들어오면 다음 날 집 근처의 편의점에서 찾도록 하고 그 대신 물건값을 대폭 할인해 주는 방식이었다.

많은 선물 가게들이 공동주주여서 자신들이 만든 제품들을 부인에게 두 개씩 보내면 부인이 하나는 직접 사용해 보고 마음에 들면 남은 한 개의 사진을 찍어서 쇼핑몰에 올리는 방식을 사용하였다.

매출이 늘어 1년간 순이익이 생기면 선물가게들을 포함한 전체 주주들에게 5퍼센트 내외의 배당을 했다. 그들 가족의 사업은 급속히 성장하면서 부자의 길에 들어섰다.

부자가 되기 위해 가족 모두가 습관을 바꾼 것이다.

신념을 가진 부자들

부자가 되려는 사람들의 마음을 다스리고 행동 원칙을 강하게 만드는 몇 가지 요소가 있다. 이것은 크게 다섯 가지로 구분이 가능하다. 목표, 영혼, 지식, 재미, 추진력. 하나씩 우리나라 부자들의 실제 사례를 들어서 설명하면 다음과 같다.

목표를 세우고 확신을 가져라

일본 소프트뱅크의 손정의 회장은 창업할 때 아주 큰 목표를 세웠다. 직원이 딱 두 명인데 그들을 앞에 두고 사과 궤짝 위에 올라서서 우리는 세계 최고의 일들을 수행한다고 연설한 것이다. 이런 배짱이 있어야 부의 길에 들어설 수 있다.

다른 어떤 사람은 남의 회사에 다니다가 퇴직해서 조그만 사업을 시작했는데, 안타깝게도 실패해서 주머니에 동전들만 남았다. 2,000원이 손에 잡히는데, 부인이 평소에 먹고 싶다는 짬뽕을 못 사준 것이 문득 떠올랐다. 부인의 손을 잡고 중국집에 가서 주인 눈치를 보면서 1,500원짜리 짬뽕을 하나 시켜서 먹었다. 그리고 나오면서 부인에게 말했다.

"앞으로 엄청난 일들을 할 거야. 그때는 호텔 중국집에서 짬뽕을 사 줄게."

500원밖에 없던 사람이 현재는 기업을 세워 어엿한 사장이 되었다.

길거리에서 시작해서 주식회사를 만들고 가맹점도 꽤 되는 한 부자는 나에게 100만 평짜리 그 넓은 대지에 미국의 디즈니랜드 같은 초대형 놀이공원을 만들겠다고 했다. 필자는 "그렇게 되어야겠지요" 하면서 그의 목표에 용기를 북돋아 주었다.

부자가 되려면 우선 눈에 보이지 않는 아주 커다란 목표를 세워라. 숫자로 나타낼 수 있는 구체적인 목표여야 한다. 주위에서 들으면 '미쳤다' 는 반응이 나올 그런 엄청난 목표여야 신이 난다.

목표가 엄청나서 도저히 엄두가 나지 않은 것에 개미처럼 한걸음 한걸음, 아니면 코끼리처럼 뚜벅뚜벅 다가가서 목표에 근접하게 자신을 만들어야 한다. 목표가 작으면 될 일도 안 된다.

아무것도 없이 남의집살이를 하던 아주머니가 주인집 별장을 한 번 가보고는 별장 앞에서 '나도 언젠가는 이런 별장을 내 손으로 사겠다' 고 다짐했다. 남의 집에 살면서 살림을 돌봐 주고 받는 돈을 모으다가 그 집 기사와 결혼해서 따로 나왔다. 그리고 수 년이 지나 자녀가 생긴 이후에 실제로 옛날 주인집보다 더 큰 별장을 사게 되었다. 그때 그 별장에서 어린 자녀를 데리고 엉엉 울었다고 한다. 못 해낼 것 같던 꿈을 이루어낸 감격의 눈물이었다.

_ 영혼을 담아서 미친 듯이 하라

어느 여성 패션 디자이너는 무릎을 꿇고서 한 땀 한 땀 자신의 모든 정성을 담아 손님의 옷을 짓는다. 고객은 옷을 입을 때마다 이런 손길을 느끼게 된다.

돈을 바라고 하는 일이 아니라, 자신이 만든 옷은 '이 세상의 최고의 작품'이라는 자부심으로 정성껏 하는 것이다. 많은 부자들이 영혼이 흠뻑 담긴 제품과 서비스로 부의 길에 들어섰다. 그들은 절대로 돈에 목표를 둔 것이 아니다.

"저희와 같은 작은 음식점에서도 손님에게 수저를 내드릴 때는 정성껏 닦습니다. 손님에게 나가는 그릇과 특히 입에 들어갈 수저는 최고로 질 좋은 수건으로 닦습니다. 그리고 손님 테이블에 놓을 때도 아주 깨끗한 냅킨을 곱게 깔고 그 위에 수저를 놓습니다."

이러한 영혼이 담긴 손님 수저 보살피기를 손님들은 안다. 둘이서 식사해야 2~3만 원이면 충분한 음식점인데도 손님의 입에 들어갈 수저에도 세심하게 정성을 들일 정도로 서비스 하는 것을 손님들은 마음으로 느낀다. 손님이 줄을 서는 것은 당연한 결과다.

초등학교도 제대로 나오지 못했지만, 성공해서 누구나 부러워하는 부자들이 있다. 이 사람들이 공통적으로 가지고 있는 정신은 바로 '내가 파는 것에 나의 모든 것을 건다' 이다. 사소한 것에도 정성을 들이고 손님을 세심하게 배려한다. 또한 이들은 자신이 내놓은 것을 먹고, 사고, 입는 손님들에 대한 감사를 잊지 않는다.

많은 사람들이 더 많은 이익을 취하기 위해 눈속임을 하거나, 귀찮아서 일을 대충 넘기려고만 한다. 하지만 손님들은 이런 마음을 금세 눈치챈다. 부자가 되고 싶다면 지금부터라도 자신의 영혼을 담는 법을 배워야 할 것이다.

필자는 주택매매를 하는 건축업자 한 사람을 잘 알고 있다. 이 사람은 집을 많이 짓지 않는다. 다만 집 한 채를 지을 때 자재에 대단히 신경을 많이 쓴다. 벽돌 한 장 올릴 때마다 직접 세심하게 살핀다. 구매자들은 거의 부르는 대로 값을 치른다. 최선을 다하는 영혼의 서비스, 영혼을 담은 제품은 다르다.

__ 자신이 하는 일에는 모르는 것이 없어야 한다

이건희 회장이 가전제품을 완전히 뜯어서 몇 날 며칠 동안 분석해서 철저하게 파악을 한다는 일화가 알려져 화제가 된 적이 있다.

자신이 맡은 일에 '박사의 박사'가 될 수 있도록 모든 정보를 수집하고, 모든 문제점을 터득하고 해결할 수 있는 능력을 쌓아야 한다. 그리고 관련되는 모든 지식을 갖추어야 프로가 될 수 있다. 프로가 되면 사람들은 저절로 찾아온다.

자신이 하는 일에 프로가 되려면 공개된 정보에 너무 기대지 마라.

신문이나 인터넷 포탈에 뜨는 정보는 누구나 다 쉽게 접근할 수 있다. 이런 것은 정보로서의 가치가 별로 없다. 신문 네 곳에 난 기사에 대해서는 그 일에 대해 신문기자보다 훨씬 더 자세하게 이해하도록 노력하라.

"왜 그 주식이 빠지는지 모르겠습니다. 그 주식은 연중 최저가였고 요새 장이 아주 좋아서 샀는데 또 20퍼센트가 빠지니까, 참."

이렇게 하소연하는 사람에게 필자는 다음과 같은 조언을 한 적이 있다.

"그 회사에 대한 모든 정보를 구하십시오. 그리고 그 회사의 홍보실에 전화를 해서 물어 보십시오. 그리고도 이해가 안 되면 그 회사를 직접 방문해 보십시오. 또한 그 회사 제품들을 직접 구매하십시오. 그 회사 사장보다 더 많이 알아야 왜 주식이 빠졌는지를 이해하게 됩니다."

많은 분들이 이 말의 중요성을 잘 이해하지 못한다. 이 세상에서 가장 중요한 설득 방법은 정보이다. '나보다 이것에 대해 더 잘 아는 사람이 없다.' 이렇게 되면 많은 사람들이 그 사람이 무슨 이야기를 하는가 궁금해한다.

특정 문제에 대해 지식을 쌓고 또 쌓으면 사람들의 신뢰를 얻을 수 있고, 이것을 통해 사람들에게 영향력을 행사할 수 있다.

돈을 벌면 일이 재미있어진다. 그 재미를 한껏 즐겨라

재미란 특정한 것에 대한 지속적인 흥미를 말한다. 야구가 재미있어서 야구장에서 사는 것처럼, 새로운 것을 개발하는 것이 재미있어서 특

허 박사가 되는 것처럼, 하는 일에 최선을 다하고 모든 것을 이해하게
되면 점점 더 재미가 붙는다.

사람마다 다를 수는 있지만 한 사람당 적으면 서너 개에서 많으면
수십 개까지 한꺼번에 흥미를 가질 수 있다. 그중에서도 자신이 하는
일에 몰입하면 더욱더 재미를 느낄 수 있다.

"라면 수백 개를 다른 방식으로 끓여 보면서 흠뻑 재미를 느꼈어요.
이렇게도 끓이고 저렇게도 끓이고. 재미가 붙으니 힘든 것을 전혀 모르
면서 일이 잘 되더군요. 손님들이 왁자지껄하게 몰려드는 것은 말할 것
도 없고요."

이뿐만이 아니라, 자동차를 수리하는 것에 재미를 붙인 사람도 부자
가 되었다. 중산층이 사는 지역에 작은 자동차 수리점을 열어 웬만한
것은 자신이 다하고 기계가 없어서 할 수 없는 일들(배기가스 점검 등)만
다른 사람에게 주는 식이었다. 재미가 붙으니 한 번도 만져본 적이 없
는 18년 된 미제 중고차를 고쳐보기도 하고, 자신이 다루지 않던 부분
도 다루게 되었다. 이제는 자동차 박사 중의 박사가 되어서 하루라도
자동차 수리를 하지 않으면 좀이 쑤실 정도라고 한다.

이 세상에 있는 빌딩들은 전부 모양이 다르다. 부동산에 재미를 붙
인 어느 여자 사장님은 저 빌딩은 왜 7층짜리로 지었는지, 저 빌딩은
왜 저렇게 창문이 많고, 저 빌딩은 왜 엘리베이터가 2개인가를 재미있
게 연구하고 또 연구했다. 자녀들을 데리고 자신 소유의 빌딩에 가서
배수관도 손수 만져 보고, 가끔 막히는 지하펌프장도 내려가서 보았
다. 자신의 빌딩을 자신의 자녀에게 하듯이 애정을 들이다 보니 이 방

면의 박사가 되었다.

한 번은 빌딩의 물이 역류해서 옥상으로 물이 넘쳤다. 동네의 모든 배관공들을 불러서 보여주어도 못 고친다고 고개를 절레절레 흔들 정도로 원인을 알 수가 없었다. 결국은 자신이 직접 옥탑에 올라가서 수도의 흐름을 분석했다. 마침내 역류의 원인을 알아냈다. 2층의 수도 파이프를 잘라서 다른 것과 연결하니 문제가 해결되었다. 주부가 프로 배관공이 된 것이다.

안될수록 밀어붙여라

많은 사람들이 일을 하다가 난관에 부딪치면 쉽게 좌절한다. 처음에는 작은 좌절을 하다가 시간이 가면서 포기로 변한다.

일은 힘들수록 밀어붙여서 꼭 해내야 하는 것이다. 고 정주영 회장의 말을 기억하는가? "내가 하는 일에 1퍼센트의 의심도 하지 않는다." 내가 하는 일은 반드시 된다. 일이 힘들면 힘들수록 더 밀어서 반드시 되게 하라. 되고 또 된다. 이런 자세로 도전하고 일을 추진해야 한다.

이 세상의 모든 일은 해결책이 다 있다. 단지 인간이 그것을 찾지 못할 뿐이다. 이것이 일을 성공시키는 열쇠이다.

미국에 이민 가서 사업을 시작할 때 가진 모든 자금을 광고에 집중해서 성공한 사람이 있다. 자신의 사업에는 오로지 광고뿐이라고 믿었다. 그래서 가진 모든 돈을 광고에 퍼부었다. 버스 정류장 광고, 입간판 광고, 심지어는 자신의 옷에도 광고를 했고, 결국 성공했다.

우리나라에서 사업을 하는 어느 회장은 자신이 하던 사업이 망했을 때 남은 돈 모두를 브랜드 계약하는 데 사용했다. 가진 것 모두를 들여서 계약하고는 밀어붙여서 떼돈을 벌었다. 그해에 2,000만 원 들여서 100억 원을 벌었다고 한다.

"제가 일을 하면서 힘든 일이 생길 때마다 배팅을 더 걸었습니다. 남들은 너무 위험하다고 하는데 위험할수록 가진 것을 전부 걸었더니 되더군요."

언제나 힘든 일은 다가온다. 직원의 절반이 갑자기 회사를 떠나겠다고 하는 일도 생기고, 원재료가 갑자기 수입이 안 되는 일도 있고, 물건을 외상으로 대주었는데 도매상이 부도 나서 뜯기는 일들이 비일비재하다.

힘든 일이 생길 때마다 절대 포기하지 말고 마음 엔진을 더 가속시키는 것이 중요하다. 보통 때는 100퍼센트 하던 것을 위급할 때는 300퍼센트로 늘리는 것이 부자 되는 길이다.

한 번 물러서면 일이 끝난다. 투잡을 하는 사람들이 노력에 비해 성과가 안 나오는 경우가 종종 있다. 우유부단해서는 안 된다. 두 번째 일을 접어서 첫 번째에 올인하거나, 아니면 첫 번째도 열심히 하고 두 번째는 더 열심히 해야 한다.

세상 사람들이 안 된다는 생각은 그냥 평균의 원칙이다. 100명이 생각해서 대부분이 따르는 길이다. 그런데 100명 중에서 성공하는 사람은 서너 명이다. 97명이 안 된다고 생각할 때가 찬스다. 인생 최대, 절호의 찬스다.

나는 수많은 부자를 만나보았다. 그리곤 공통적인 특징을 발
견했다. 그 특징만 따라 한다면 누구나 부자가 될 수 있다.
다만 노력의 크기에 따라 결과는 달라진다.

누구나 부자가 되는 마법의 단어

자세姿勢

먼저 부자가 되려는 자의 기본 자세부터 알아보자. 최소한 아래와 같은 개념을 갖고 있어야 부자가 된다.

_ 내 사업을 하면 하루 종일 일 년 내내 나의 업무시간이다

부자가 되는 가장 보편적인 방법은 장사다. 남의 회사에서 죽도록 일하면 회사 오너만 부자 된다. 내 시간과 열정과 헌신은 그냥 몇 푼의 월급으로 돌아올 뿐이다. 당신이 스스로 일을 찾아서 지금 당장 장사를 시작하라.

처음에는 돈을 아껴야 하므로 무조건 망해가는 업소를 찾아 몇 년 안에 최고로 만들 각오를 해라. 단 망해도 이유가 있는 사업체를 헐값에 인수하는 것이 제일 좋다. 입지는 좋은데 사장이 놀아서 망한 부동산을 사고, 학생들이 많은 장소의 조그마한 음식점인데 주인 아주머니가 손재주가 없어서 맛이 별로인 곳을 사라. 망해가는 업소가 들어 있는 건물주에게 말해 월세를 깍고(이렇게 설득해라. "오죽하면 제가 망한 업소를 사겠습니까. 사장님, 좀 깍아주십시오"), 권리금은 아주 쥐꼬리만큼 주고 제품과 서비스의 질을 엄청나게 올리면 된다.

단골 고객들과 친해져라. 일일이 그들의 취향을 알아차리고 꼭 기억해 두었다가 맞춰줘라. 깔끔한 옷을 입은 손님이 오면 수저는 깨끗하게 씻고 또 씻어서 그냥 상 위에 올려놓지 말고 반드시 정성스레 접은 냅킨 위에 올려놓아라. 화장실 냄새 안 나게 향수 마케팅도 하고, 단골 고객들에게는 잔돈을 그냥 깎아 주어라.

만약 장사가 아주 잘되면 건물 주인이 장사 하는 사람을 내보내고 자기가 하려고 한다. 만약 그런 불행한 사태가 발생하면 단골 고객들에게 하소연해라. 단골 고객 중에 빌딩 가진 사람이 자기 빌딩에 세를 내주거나 혹은 친척이나 친구의 빌딩을 알아준다. 진짜 단골은 가족이나 마찬가지다.

맨손으로 음식점을 시작해서 이제는 음식점 준재벌이 된 이가 이런 말을 했다. "내가 만든 음식을 먹고 행복해하는 사람들의 얼굴을 보고 싶다."

자신의 음식을 정성, 또 정성으로 만들면 사람들이 이해해준다.

쉬운 일만 하면 바로 망한다. 남들이 포기한 것을 하고, 남들이 못하는 것을 하고, 남들이 안 하는 것을 해야 부자가 된다. 안 되는 것을 되게 하는 것이 진짜 실력이다.

실패를 하면 좋은 공부했다고 생각하고 또 하라. 언젠가는 실패의 원인을 이해하게 된다. 그런데 실패는 한 번이면 족하다. 다시는 똑같은 실패를 저지르지 마라. 여러분이 스스로 성장하는 방법은 어제 한 것보다 오늘 3배 힘든 일을 찾고, 내일은 오늘보다 3배 더 힘든 일을 찾는 것이다.

대화를 하다가 남들이 어렵다고 하면 바로 그 일을 시작하라. 처음 보는 사람에게 말을 거는 것이 어색하다고 느끼면 지금 길거리에서 말을 걸어보라. 당신의 배우자도 처음 만났을 때에는 낯설었고, 당신의 초등학교 절친도 코흘리개 때에는 낯설었을 것이다. 처음 보는 사람에게 말을 걸고 내 편으로 만드는 법을 터득하라.

옳다고 믿으면 밀어붙여라

당신의 인생이다. 당신이 선택하여서 당신의 길을 가는 것이다. 본인이 판단해서 옳다는 판단이 내려지면 그냥 밀어붙여라. 당신이 옳다고 생각하는 일을 못하게 하는 사람은 당신의 적이다.

부자는 생각에서 비롯되는 것이다. 남들이 성공했다고 뒤따라 들어가는 사람은 늦은 사람이다. 당신이 판단해서 확실히 된다고 느껴지면 바로 실행하라. 생각이 똑바르면 돈이 문제가 안 된다. 돈은 당신이 모으고, 모자라면 배우자에게 협조받고 그래도 안 되면 빌려라.

내가 옳다고 믿고, 내가 된다고 믿고 밀어붙이는 일에 돈이 모자라면 '피를 팔 각오'를 해야 성공한다. 속옷만 남겨 두고 작년 백화점 세일 때 산 옷도 중고 시장에 내다 팔아라. 당신이 팔 수 있는 모든 것을 팔아 밑천을 만들어서 해보라. 일이 된다.

__ 마신 술의 양을 잠자리에 들기 전에 꼭 메모해라

술이 원수다. 과음을 하면 손해가 막심하다. 술 마시고 옆사람과 다투면 구속될 수도 있고, 손해배상을 해줘야 할 때도 있다. 술 마시고 카드 함부로 긁으면 모든 일이 무너진다. 오늘 마신 술은 잠자리에 들기 전에 자기의 휴대전화에 문자를 보내라.

"오늘 소주 두 병에 취했다."

"또 와인에 녹았다."

술에 취하면 돈이 물같이 나간다. 술을 마실 일이 있을 때는 신용카드와 현금인출카드는 지갑에 넣고 지갑째로 집에 둔 채, 맨손으로 오늘 마실 술값, 안주값, 차비만 가지고 나가라. 이러면 더 마시고 싶어도 돈이 없어서 못 마신다. 그러다 필름 끊어져서 무전취식으로 잡히면, 그때는 가족에게 연락하라. 망신을 몇 번 당하면 그때부터 정신을 차린다.

술을 끊는 것은 직업을 포기하는 것만큼 힘들다. 그러니까 아예 술 마실 돈이 없게 사는 것이다.

가까운 사람의 말을 믿지 마라. 그들은 안전한 길로만 유도한다

부자가 되는 데 가장 방해가 되는 것이 사람이다. 어느 부자는 "나에 대한 배신을 참기 힘들어서 신뢰 안 한다"고 말한다. 사실이다. 배신하는 사람은 여기에도, 저기에도, 아무 곳에나 다 있다. 배신 안 할 사람을 찾지 말고, 그냥 배신당하지 않게 주의하라.

그리고 가족들, 친척들, 친구들이 내가 하려는 것을 반대하면 그냥 알았다고 말하고 넘겨라. 그 사람들에게 사업에 대한 자세한 이야기는 나중에 해라. 그들은 당신을 정말 아끼기 때문에 당신이 위험에 빠지지 않도록 반대를 한다. 왜 반대하는지 듣고 곰곰이 생각하라. 그러나 그들이 내 인생을 살아주지는 않는다.

부자가 되어서 친구나 친척들이 만나자고 하면 꼭 이유를 물어보라. 대답을 못하고 우물쭈물하면 만나지 마라. 당신을 진정으로 이해해주는 사람은 당신이 가진 것, 당신이 하는 것과 상관없이 당신을 대하는 사람이다.

남의 눈치를 보지 마라

눈치란 남들의 반응을 내가 미리 짐작하는 것이다. 남의 시선에 아랑곳하지 말라.

어느 부자는 집에다 벤츠 두고 골프장 갈 때 버스전용차로를 달릴 수 있는 차를 구해서 빠르게 간다. 그랬더니 골프장에 일하러 온 사람으로 알고 대접이 영 말이 아니었다고 한다. 그래도 그는 남의 눈치를 안 보고 평일날 골프장에 가는 부자다.

벤치마킹을 하지 마라

벤치마킹(Bench-Marking)이란 사전에서 없어져야 할 말이다. '남의 잘된 것을 보고 배우라' 는 말이다. 그런데 벤치마킹을 즐겨하면 당신은 절대로 1등이 될 수 없다. 1등은 남과 다른, 세계 최초여야 된다. 벤치마킹은 창조보다 100분의 1, 아니 만분의 1만큼 쉬운 것이다. 벤차마킹하라는 말을 들으면 '댁이나 하슈' 하고는 듣지 마라.

외양이 아닌 내실을 브랜드화해라

당신의 외모는 중요한 것이 아니다. 내가 얼마나 실력이 있느냐는 내가 얼마나 아느냐에 달려있다. 이 세상에서 가장 강한 영향력은 지식의 힘(expertise power)이다. 이것은 돈보다 세고, 억압보다 강하다. 많이 알면 그것이 최고의 힘이다.

부자 동네 살면 부자처럼 행동해야 한다. 그러니까 돈이 좀 생겨도 부자 동네에 살지 마라. 부자 동네에 살면 전체적인 생활비가 올라간다. 그냥 평범한 동네에 사는 것이 좋다.

정도를 넘는 돈은 그냥 숫자일 뿐이다

빌 게이츠는 자녀들을 키우는 동안 일주일에 1달러씩만 용돈을 주었다. 집안일을 하면 조금 올려주는 정도였다. 정도를 넘는 돈은 그냥 숫자일 뿐, 의미가 없다. 돈은 내가 꼭 해야 할 일이 있을 때 그것을 하기 위한 배팅 준비일 뿐이다.

현찰은 전부 은행에 맡겨라. 돈이 약간씩 모이면 바로 중간에 못 빼

도록 이자가 가장 높은 적금을 들어라. 그러면 은행에서 대접을 잘해
준다. 적금을 몇 개 더 들면 지점장이 나선다. 돈이 더 모이면 또 못 빼
도록 정상보다 싼 부동산을 매입하라.

절약 節約

__ 작은 것을 아껴야 부자 된다

"벤츠 타고 내려온 부자들은 한 번에 얼마나 삽니까?"라는 필자의 질문에 부자 동네 슈퍼마켓의 캐셔 직원은 말한다. "한 번에 몇만 원이죠. 5만 원은 안 넘던데요."

필자의 가족이 쇼핑한 물건이 들어 있는 카트를 뒤져보니 벌써 10만 원은 넘을 것으로 보였다. 필자가 부자들이 사는 동네로 이사 간 그날 저녁 장을 보던 이야기다.

필자는 그 후 부자 동네의 사람들을 면밀히 관찰했는데, 재미있는 것을 발견하였다. 그들이 필요한 것은 무슨 수를 쓰더라도 하고야 마는데, 도움이 되지 않는 것은 절대로 하지 않는다는 사실이다.

지난 몇 년 동안 도둑들이 자주 들었다는 말에 단체로 민원을 넣어서 방범이 엄청 강화되었다고 한다. 눈이 오면 염화칼슘이 바로 뿌려지고, 은행에 가면 돈 될 것 같은 일은 부자들에게 먼저 챙겨준다.

은행에 가서 적금을 들면 거의 만기가 될 때까지 버티고 버티는 것이 부자이다. 그런데 서민들은 일 년에 5퍼센트라는 비교적 좋은 금리에 적금을 들었다가도, 자녀가 과외를 해야 한다고 하면 만기를 한 달 남기고 적금을 깨서 고액 과외를 받게 해준다. 물론 부모의 마음은 이해가 가나, 고액 과외를 하려면 용돈을 줄여서 적금을 살려야 하는데, 용돈은 내버려두고 아깝고 아까운 적금을 깨는 것이 서민이다.

고급 펜을 지니고 외출을 나갔다가 서명을 요청하면 무의식 중에 자기의 펜을 꺼냈다가 고급 펜이라는 것을 생각하고는 다시 품 안에 넣고 볼펜을 요청해서 그것으로 쓸 만큼 아끼는 것이 부자다.

부자들이 의외로 쿠폰이나 할인에 민감하다는 것을 서민들은 모른다. 굴러다니는 쿠폰을 꼭 간직해서 할인받는 부자들이 즐비하다. 부자 동네의 벤츠가 주유소에서 주유할 때 5만 원 이상 넣으면 주는 1,000원짜리 할인권을 기사는 반드시 받아서 옆자리에 잘 모아둔다. 만약 할인권을 받지 않거나, 받더라도 곱게 간직하지 않으면 벤츠 뒷좌석의 주인공이 호통을 친다.

“천 원은 돈 아니냐!”

아반떼나 소나타를 몰고 벤츠가 가는 주유소에 가는 서민들은 의외로 주유권에 둔감할 때가 있다. 초등학교 다니는 자녀가 아빠가 5만 원 주유하고 받은 1,000원 할인권을 접어서 딱지를 만들고는 외식하러 감자탕 집으로 들어갈 때 휘휘 날린다. 아빠는 그것을 아는지 모르는지,

야단을 치지 않는다.

아주 작은 것에서부터 돈이 새면 부자가 못된다. 부자는 작고 작은 것들이 커다란 사업 밑천이라는 것을 철저하게 깨달은 분들이다.

속옷도 아껴라

부자는 필요하다고 판단하는 순간에 곧바로 그 일을 할 수 있도록 사전 준비를 한다. 부자들은 자신이 하고 싶은 일에 별로 도움이 되지 않는 것에는 단 1원도 아까워하며 아낀다.

"속옷은 싼 것으로, 겉옷은 수수한 것으로."

화려한 옷을 입고 외제차에서 내리다가 강도나 납치당할지도 모른다는 막연한 불안감에 휩싸인 부자들이 많다. 따라서 겉옷은 그냥 수수한 것으로 하고, 속옷은 남의 눈에 뜨이지 않으므로 해져도 안 버리고 그냥 입는다.

새로 나온 자동차는 출시된 지 일 년이면 거의 20~30퍼센트 정도 가격이 빠진다. 다시 말해 새차는 거의 첫해에 나간다는 이야기다. 외제차를 사거나 국산 세단을 살 때 믿을 수 있는 중고매매업자에게 1년 넘은 차를 사는 것이 현명한 선택이다.

우리나라에서 명품을 구입하는 사람들 중 최상위 부자는 일부에 불과하다. 대부분의 명품은 부자가 아닌 사람들이 폼 잡으려고 사는 경향이 강하다.

명품 옷을 입고 한껏 뽐내는 것이 목적이라면 그렇게 하라. 아니 한술 더 떠서 한 번 입고 버리는 외국 부자나 국내 재벌집 딸처럼 행동해라.

명품 옷이 아니고, 자신이 만든 새로운 가치들을 세상에 알리는 것이 중요하다고 생각하는 부자 지망생이면 명품에 빠지지 말기를 바란다. 실제로 명품제조업체의 오너들 중에서도 자신이 만든 옷을 홍보용으로 입는 경우 이외에는 명품을 거의 구매하지 않는 부자들도 있다. 허름해도 입기 편하고 일하기 좋은 옷이면 만족하는 사람들이다.

필자가 한 노회장과 단골 설렁탕집에 갔다. 이 분은 이십여 년 동안 동복과 하복 각각 한 벌씩만을 입으신 분이다. 도가니에 소주를 시켜서 한 잔을 일곱 번에 나누어 마시다가 더워서 윗옷을 벗었다. 마침 안면 있는 기자가 와서 인사하느라 일어서는 회장님의 양복바지 호주머니가 해져서 꿰멘 자국이 있는 것을 본 적이 있다.

이 회장은 자신의 딸과 며느리들이 가끔 명품을 사 입는 것을 눈치는 챘으나 별 이야기는 하지 않았다고 한다. 40여 년을 같이 산 조강지처에게 명품 옷을 사준 적은 없고, 딱 한 번 은혼식 때 고급 한복을 한 벌 선물한 것이 유일한 명품 구매라고 했다.

핸드폰을 끊어라

"교수님. 우리 애가 아껴 쓴다는데도 핸드폰 요금이 17만 원 나왔다는데요?"

필자는 이런 이야기를 하는 빈자 엄마를 보면 딱한 생각이 든다. 쳐다보는 눈매를 그냥 외면하기 힘들어서 필자가 냉혹하게 한마디 해주었다.

"자녀들이 휴대전화를 못 쓰게 하세요."

“예. 말이 돼요? 요새는 초등학생도 다 있는데, 우리 애는 중고등학생들인데요. 기회가 되면 스마트폰으로 바꾸려고 하는데요.”

필자는 그 엄마가 왜 부자가 못되는지를 잘 알고 있다.

전문대 다닐 때 신나게 연애하는 바람에 스물두 살에 애기를 가지고 결혼 직후부터 집에 눌러 앉은 삼십대 주부다. 남편은 같은 2년제를 나오고 그래도 꽤 괜찮은 직장을 다니고 있다. 나도 같이 벌어야겠다고 말했더니, 당신은 고운 손으로 아이들이나 잘 키우라는 남편의 정감어린 말에 녹아서 그냥 집에만 있었다고 했다. 그런데 남편의 월급은 잘 안 오르고, 애들은 자랄수록 돈이 더 들어갔다.

그 부인이 부자가 되는 길은 첫째 절약이고, 둘째 맞벌이다.

절약하려면 일단 자녀들의 휴대전화를 다 뺏어서 해지해야 한다. 그래도 사는 데 아무 문제 안 생긴다.

“우리 애가 휴대전화 없이도 살 수 있을까요?”

“예. 별일 없을 겁니다. 일단 휴대전화 끊어서 돈 줄이세요. 그리고 자녀들이 친구들하고 꼭 연락하겠다고 하면 인터넷에서 무료로 커뮤니케이션 할 방법 널려 있습니다. 왜 구태여 휴대전화를 사용합니까?”

그리고 오늘부터라도 새로운 일자리를 찾아서 부인이 소득을 올리는 것이 부자 되는 첫걸음이다.

휴대전화 없이 살아도 아무런 문제없다는 것을 철저하게 깨닫는 사람들만이 부자가 될 수 있다.

통장 꺾기

　돈을 호주머니에 넣고 다니면 상당히 헤프게 쓰게 된다. 돈을 지갑에 넣고 다녀도 손쉽게 나간다. 돈은 장롱 속에 넣어도 급해지면 바로 꺼낸다. 돈을 은행에 넣어두면 꺼내기가 비교적 힘들어진다.

　가장 좋은 돈 관리는 은행에 적금을 들고 자동이체를 걸어놓은 후 은행 문을 나서는 순간에 통장을 찢어서 반쪽은 은행 밖의 쓰레기통에 버리고, 다른 반쪽은 음식점 화장실에 버리는 것이다. 도장은 바람 쐬러 강가나 산에 가면서 쓰레기통에 버려라.

　그리고 가족 중에서 가장 믿을 만한 사람에게 '무슨 은행과 거래한다' 는 사실만 알려주고 나면 더 이상 말할 필요도 없다. 그리고 통장의 존재 사실을 알릴 필요도 없다. 괜히 알면 탐을 내는 것이 인지상정이다. 혹시라도 내가 잘못되면 그때 가족이 내가 무슨 은행과 거래하였다는 사실을 상기하고 그 은행에 가서 찾으면 된다. 안 되면 모든 은행에 가서 내 주민번호와 이름을 입력하면 다 나올 것이니 안심이다.

　통장을 왜 꺾어야 하는가?

　통장을 집의 책상서랍 속에 넣어두면 가끔 보게 된다. 또한 가끔 꺼내서 만져보면서 '내 알토란같은 돈이 여기 있네' 라는 생각을 가진다. 그런데 그것이 화의 근원이다. 가족 중에 사업이 안되는 경우가 생기거나 아주 절친한 사람이 곤란에 빠지면 그 통장을 꺼내려는 마음이 생기게 된다.

　아예 없애버리면 생각도 잘 안 난다. 남들도 모르니 탐을 내지 않는다.

언젠가 만기가 되면 그때 찾으면 된다. 도장은 새로 만들면 되고, 통장은 내 주민등록증을 내밀면 바로 다시 만들어 주니까.

돈 먹는 하마

"교수님. 부자가 못 되는 분들은 전부 돈 먹는 하마에 물려 있어요."

"맞습니다. 저도 그렇게 생각합니다. 의외로 여러 가지 돈 먹는 하마에 물려있습니다."

부자들은 돈을 부으면 금세 흘리고 없어지는 돈 먹는 하마들을 제거하는 데 도사다. 돈 먹는 하마는 무엇일까?

"회장님은 진짜 부자이십니다."

"왜요?"

"회장님인 평생 신용카드를 안 쓰셨다는 것이 회장님이 돈 먹는 하마를 제거하신 좋은 증거입니다."

이름만 들으면 알 만한 국내 유명 제품을 만드는 회장님과 나눈 대화 내용이다. 신용카드는 진짜 돈 먹는 하마다. 그것도 새끼 하마가 아니고 어미 하마다.

"여보, 신용카드 좀 당신 것으로 줘."

크게 결제되는 남편의 신용카드를 주면 부인 대부분은 펑펑 써댄다. 이러면 연봉이 수억 원이 넘어도 평생 부자가 못 된다. 필자가 만난 회장님은 "꼭 쓸 데가 아니면 필요가 없어서 아침에 집을 나올 때 오늘 쓸 돈만 가지고 나옵니다"라고 말한다.

절대로 돈이 새 나가지 않게 한다는 이야기다.

전 세계 부자들 중 상당수는 신용카드를 소유하지 않는다. 물론 그들 중 일부는 법인카드로 부하 직원들이 결제하므로 신용카드가 필요 없을 수도 있다. 그러나 개인 용도로 사용할 때도 신용카드를 쓰지 않고 개인 수표를 쓰는 경우가 많다. 계획 소비를 하는 것이 부자를 계속 유지하는 지름길이라는 것을 터득하고 있는 그들의 행태다.

또 다른 돈 먹는 하마는 술이다. 요새는 필름이 자주 끊긴다는 음주 여성들도 꽤 늘었다. 술은 무의식중에 돈을 줄줄 새게 한다. 처음에는 소주에 국밥 혹은 삼겹살로 시작했다가 2차, 3차를 넘어서면 돈은 수돗물보다 빠르게 사라진다.

"요새 건강이 안 좋아서 안 마십니다."

"예, 저도 그렇습니다."

필자가 과거에 애주가였던 발명가 부자와 저녁 식사하면서 나눈 이야기다. 술은 안 마시는 대신 우리 둘은 그날 비싼 음식들을 시켜 먹었다. 그리고 술 없는 1차를 필자가, 또 술 없는 2차를 그 분이 냈는데 술 값의 반의 반도 안 들었다.

돈 먹는 하마와 얼음보다 차게 헤어져야 부자가 될 수 있다.

부동산不動産

__ 부동산 관리는 부자 되는 첩경이다

우리나라 부자의 재산 중 대부분은 부동산이다. 우리나라는 총재산에서 부동산이 차지하는 비중이 너무 높다. 2011년 현재 우리나라 전체 부동산의 값은 국유지, 비금융법인 소유, 금융법인 소유, 개인소유를 모두 합해서 약 1경 원 내외가 된다.

주식의 시가총액은 약 2,000조 원이 안 된다. 보험회사의 총자산이 600조 정도이고, 금융권에 있는 돈 다 털어야 몇천조 원이 안 된다.

희귀한 지하실에 숨어 있거나 초대형 대여 금고에 은닉해 둔 모든 미술품을 합해야 3조 원도 안 된다.

부동산이 재산의 대부분이다. 앞으로는 어떨까? 향후 10~30년 이

내에 금융이 계속해서 뜨고 부동산 값이 하락할 것이다. 금융 산업을 정부가 밀어붙이면서 부동산은 규제를 지속할 것이다. 정부 정책이 오래 전부터 그렇게 움직이고 있다.

또한 G20 국가들을 보면 초기에는 부동산, 중기에는 금융이 뜬다. 그러고 나서 부동산, 금융, 대체 투자, 현금 비중들이 골고루 비슷하게 된다. 우리나라도 앞으로 몇십 년 내에 그러한 방향으로 갈 것이다.

단 중요한 것은 급격한 부동산의 하락은 없다는 것이다. 부동산 값이 급격히 하락하면 대한민국의 그나마 남은 중산층과 서민은 모두 위험해진다.

대통령 선거 직전에는 부동산 규제가 풀리고, 새로운 대통령이 집권하면 부동산 규제를 강화하다가 다음 대통령 선거 직전에는 규제를 또 푼다.

서민들은 주택담보 대출에 묶여 있고, 소수의 중산층과 비교적 고소득층은 빌딩에 묶여 있다. 따라서 부동산 값이 하락하고 동시에 이자 금리가 올라가면 낭패다. 따라서 부동산은 서서히 하락해 갈 것이다.

우리나라에서 학원을 잘해서 부의 길로 들어선 여성 부자의 실제 사례다. 원래는 남의 집 빌딩에서 세를 들어서 학원을 시작하였다. 당시에 그 빌딩에 다양한 업종의 음식점, 부동산, 대리점, 학원 등 여러 세입자들이 있었다. 임차인들이 한번 모였는데, "이제부터 월세를 제대로 주지 말자"는 이야기가 나왔다. 만약 월세를 딱딱 제대로 주면 주인이 장사가 잘되는 줄 알고 계약 기간이 만료될 때 월세를 올릴 것이라는 말이었다.

그런데 불교 신자인 이 여성 학원장은 남의 집에 세 들어 사는 마당에 월세는 빚을 내서라도 꼬박꼬박 주어야겠다고 마음을 먹었다. 그것도 월세 내는 날의 하루 전날에 주었다.

학원은 점점 잘 되어가는 과정이었다. 그런데 다른 임차인들은 하나씩 건물을 떠나갔다. 임대료를 제때 내지 않아서 건물주가 계약 해지를 한 것이다.

어느 날 건물주가 부르더니, 빈 점포를 학원으로 사용하라고 했다. 그것도 월세를 낮추어 주면서 말이다. 왜 그러냐고 물어보니, 다른 임차인들은 전부 월세를 제때에 안 주고 전부 죽겠다고 하는데, 이 여성 학원장만 월세 전날에 꼬박 꼬박 주는 것이 고마웠다는 것이다. 결국은 그 학원장은 그 빌딩을 통째로 학원으로 운영하다가, 더 크게 성공해서 다른 빌딩에도 학원을 차릴 수 있었다.

임차인이나 건물주나 전부 사람인데 그 시커먼 속을 모를까?

다른 방식으로 부자가 된 할머니가 계신다. 이 할머니는 남편이 퇴직군인으로 받은 연금을 가지고 살면서 자신은 자녀들이 벌어오는 돈을 모으고 모아서 빌딩을 하나씩 사들였다. 그러나 빌딩에 세들어 사는 사람들이 장사가 잘되는데도 임대료를 잘 안 내는 것에 꾀를 내었다.

이 분은 보통 때는 비싸지는 않아도 괜찮은 옷을 입고 외출하는데, 월세를 받으러 갈 때는 꼬박 하루를 굶고는 장롱 속에 처박아놓았던 몸

빼 바지를 입고 외출을 한다. 실제로 전날 낮부터 거의 먹지 않아서 비실비실한 몸으로 아침에 우유 한 잔 마시고 버스 타고 시큰둥하게 걸어서 자기 소유의 빌딩에 당도한다.

"아니. 할머니 왜 안색이 안 좋으세요?"

"요새 임대료가 잘 안 들어와 먹을 것이 없어서."

약해 보이는 할머니가 불쌍해서 외상값 갚을 것을 전부 꺼내어 주는 세입자들이 있었다.

빌딩 관리는 부자 되는 첩경이었다. 과거에 자기 소유의 빌딩에 매일 나가서 둘러보고, 집에서 노는 부인을 방화관리자로 교육받게 해 소방 관리 시키고, 자신은 주변 시세를 철저하게 점검하는 노하우를 가진 빌딩 소유자들이 부자의 반열에 올랐다.

앞으로는 빌딩 임대료 수입이 은행 이자율에 못 미치는 경우가 많아질 것이다. 빌딩의 자산매각 차익을 노리는 대형 외국법인들 이외에는 빌딩수익성은 상당히 낮을 것으로 보인다.

전세 빼서 아파트 바로 사라

필자를 인터뷰하겠다고 찾아온 기자에게 "우리나라 사람들이 왜 전세를 사는지 모르겠다"고 말을 시작했더니 근 한 시간 동안 전세 이야기만 하다가 인터뷰도 제대로 못한 적이 있다.

"Dr. Han. What is Jeonse?"

오래 전에 국내에 들어온 외국계 투자회사에서 만나자고 해서 호텔로 갔더니 관계자가 근사한 점심을 사면서 첫 번째로 물어 본 말이 전

세가 무엇이냐는 것이었다. 필자가 설명해 주니 전 세계에 아마 한국에만 있는 것 같다는 그들의 지적에 필자가 전 세계의 부동산 사정을 전부 아는 것이 아니어서 아무 말 하지 않았다.

왜 전세를 살까? 필자는 이 때문에 여러 번 의아해했다. 필자는 단독주택에만 살다가 일 년 안 되게 살 곳이 필요하여 아파트를 얻으러 간 적이 있다. 부동산에 "보증금 없이 약 열 달치의 월세를 전부 선지급 할 테니 아파트가 있으면 골라 달라"고 했다.

가는 곳마다 부동산 중개업자들은 이상하다는 표정을 지었다. 여러 군데를 갔지만 반응은 모두 같았다. 보증금을 안 주는 경우가 어디 있냐는 것이었다. 그런 반응이 재미있어서 더 따져보았다. 전세라는 개념은 말이 안 되고, 월세를 주는데 보증금을 또 준다는 것도 말이 안 된다. 단 보통 하는 월세보다 조금 더 주겠다. 그리고 우리는 딱 열 달만 살 것이라고 설명하였다.

모두들 안 된다고 하다가 한 사람이 나섰다. 혹시 열 달 있다가 안 나갈지 몰라 걱정된다고 하기에 각서까지 써 주었다. 그랬더니 열 달치 월세를 한꺼번에 내는 것은 좋은데 약간 더 올려달라는 것이었다. 그래서 OK를 한 적이 있다.

필자는 그 대신 전세금을 냈으면 묶였을 돈을 투자해서 열 달치 월세보다 훨씬 더 많은 돈을 만들었다. 결국은 열 달 동안 남의 아파트에서 공짜로 있었던 셈이다.

전세는 돈 값만 떨어뜨리는 것이다. 많은 사람들이 전세를 선호하는데, 전세를 들지 말고 필요하면 바로 아파트를 사는 것이 정답이다.

현재 약 2억 원이 있다고 가정하자. 3억 5,000만 원짜리 아파트에 2억 원을 주고 전세로 2년 들어간다. 2년 동안 월세를 안 내도 된다는 단순한 행복감을 느낀다.

그런데 2년 후에는? 현재의 2억 원은 2년 후에는 아무리 높게 보아도 현재 가치로 1억 7,000만 원 정도밖에 안 된다. 아니 조금 더 쳐줘도 1억 8,000만 원 안 된다. 물가는 매년 5퍼센트 이상씩 오르기 때문이다. 전세 세 번 다니면 돈이 거의 반 토막 나는 꼴이다.

새 아파트를 사고 약 3년에서 7년 정도 시간이 지나면 아파트 값이 피크에 오른다. 늦으면 10년 쯤 걸리는 경우도 아주 가끔 있지만, 보통은 5년 정도면 피크다.

재개발된 아파트는 거의 매년 쏟아져 나온다. 지금이라도 전세금 가지고 사면 된다. 집 담보대출 받으면 월 소득도 따지지 않고 그냥 새 아파트 가격의 60퍼센트를 금융기관이 빌려준다. 그리고 전세금으로 나머지 40퍼센트를 메우고 나면 몇천만 원이 남는다.

그러면 원금과 이자는 어떻게 할까? 금융기관에서 장기로 빌리면 된다. 30년으로 하자고 제안하면 보통 25년 정도 기한으로 대출해준다. 10년 동안 이자만 갚겠다고 하면 금융기관이 오히려 좋아한다. 이자를 많이 받기 때문이다.

그런데 아파트값은 10년 이내에 오른다. 빠르면 현재보다 2배 정도 오른다. 아무리 부동산이 앞으로 전망이 없다고 해도 그렇다. 지자체에 전화해서 앞으로 재산세 매년 몇 퍼센트씩 올릴 것이냐고 물어보니 5퍼센트 내외라고 대답한다. 10년 정도 지나면 거의 더블이 된다.

10년 동안 이자만 갚고, 그 사이에 아파트 값이 오르면 팔아버리면 된다. 그리고 현재 가지고 있는 전세금과 아파트를 팔아서 생긴 이득을 합해 더 큰 아파트를 또 주택담보대출로 살 수 있다.

이자는 어떻게 갚나? 이자를 갚으려면 생활비를 줄이거나 소득을 늘려야 한다. 휴대전화 끊고, 쓸데없는 TV 없애면 생활비가 준다. TV를 자주 보면 사고 싶고, 먹고 싶은 것이 생긴다. TV는 돈 먹는 하마다.

퇴근 후와 주말에 아르바이트 하면 소득이 는다.

안 하니까 안 되는 것이다.

쌀 때 아파트 수집하기

"요새 아파트 살 때인데, 교수님도 사셨어요?"

"예, 상당히 싼 것이 있어서 샀고 또 사려고 합니다."

"많이 사세요. 많이 사야지요."

얼마 전에 필자와 어느 부자 아주머니가 나눈 이야기다.

서울의 주택보급률이 100퍼센트를 넘은 지가 꽤 되었는데도, 서울 시민의 40퍼센트 정도는 무주택자다. 희한한 통계다. 하지만 잘못된 것이 아니다. 복수 주택 소유자들이 그만큼 많다는 증거다. 2~3채를 소유하는 것은 보통이고, 4채 이상을 가진 사람이 몇만 명에 달할 것이라는 비공식 추산이 있다. 골프 코스를 돌면서 지나가는 말로 "내가 지난 주에 아파트를 18채를 넘겼는데" 하고 말하는 사람도 있다. "조만간에 한 다스를 넘겨야지" 하면서 사우나에서 휘파람을 부는 사람도 있다.

물론 미국도 사정은 서울과 비슷하다. 미국 가구 중에서 약 65퍼센트 정도가 자기 집을 소유하고 있다. 우리나라는 전국적으로 약 55퍼센트 정도가 자기 집을 소유하고 있고 서울은 60퍼센트가 약간 안 된다. 집을 필요로 하는 사람들이 아직도 많다는 이야기다.

대한민국의 고가 주택과 아파트 거의 대부분이 서울에 있고, 일부가 수도권의 편중된 도시에 있다. 수도권에 대한민국의 고급 주택 99퍼센트가 있는 것이다. 도시 개발이 고속화되면서 주택은 아파트가 대세다. 단독주택은 부자들이 폼 내는 곳이고 일반인들은 거의 전부 아파트에 목을 맨다.

아파트 값은 아직 싼 편이다. 금융 위기 이후 저점에 도달했던 아파트 가격이 상승했지만 아직도 싼 편이다. 신규로 분양되는 아파트의 값도 저렴한 편이다. 서울 시내에 모든 사람들이 아파트 한 채씩을 소유하는 순간까지 아파트 값이 지속적으로 오를 것이라는 관점에서 그렇게 판단하는 것이다.

생활 터전으로 필요한 아파트를 구입하려는 사람들은 향후 10년, 아니 30년 동안 지속적으로 늘 것이다. 미래에는 부자가 되고 싶다면 싼 아파트를 수집하거나 아니면 재개발 지역의 신규 아파트를 매집하는 것이 좋은 방법이다.

전세 제도가 없어지거나 줄어들면 아파트 수요는 폭발할 것이다. 마지막 손에 쥐고 있는 것에 목을 매고는 '이 돈은 안 날린다' 면서 죽어도 집을 안 사고, 전세로 버티는 사람들이 조금씩 돈의 논리를 깨닫고 이제라도 아파트를 사자고 하는 때가 올 것이다.

부자가 되는 방법은 남들보다 항상 빨리 생각하고 행동하는 것이다. 남들이 알게 되었을 때는 빨리 현실화해야 부자가 되는 것이다. 남들이 피할 때 달려들고, 남들이 열심히 달려들면 손을 씻는 것이 부자 되는 방법이다.

노력努力

부자가 될 때까지 해보라

부자들 보고 어떻게 부자가 되었냐고 묻는 것처럼 우문이 없다. 뭐든지 해서 됐으니까 부자가 된 것이다.

필자가 가끔 만나는 주류업체 대표이사는 소주 회사에서 시작해서 주류 유통업체까지 오로지 한평생 술 관련 사업만 하신 분이다. 필자와 만나서 식사를 시작하면 보통 3~4시간을 한 자리에 앉아서 이야기하는데 과거의 술 영업한 이야기를 들으면 부자가 될 만하다고 인정하게 된다

"교수님. 제가 젊을 때 술 영업한다고 13차까지 갔습니다."

"13차요?"

필자는 그런 말을 세상에서 처음 들었다. 필자도 예전에 흥이 나면

술자리를 서너 군데로 다녀 보았으나, 최근에는 맑은 정신을 유지하고 건강을 생각한다고 술잔을 내려놓아서 감이 오지 않았다. 그래도 최소한 한 군데에서 한 시간씩 13차면 열세 시간을 술을 마셨다는 이야기다.

"대표님이 가장 많이 마셨을 때는 얼마나 마셨습니까?"

"둘이서 소주 52병을 마신 적이 있습니다."

필자는 더 이상 묻지도 않았다. 소주 한 병이면 알딸딸한데 둘이서 52병이면 일인당 20병이 넘었다는 것이다. 술을 많이 마셔서 소주를 흘리고 떨어뜨리고 버리고 한 것들을 빼도 최소한 일인당 한 15병쯤 마셨을 양이다.

그가 실제로 13차를 갔는지는 중요하지 않다. 중요한 것은 목표를 달성하기 위하여 모든 노력을 다했다는 것이다.

부자가 아닌 사람들의 공통점 중 하나가, "해도 안 되더라"는 것이다. 그런데 부자들은 "해보니까 되더라"라고 말한다. 부자가 안 된 사람들이 행동하는 모습을 부자의 관점에서 보면 시작도 안 한 것이다.

"교수님, 제가 의사분을 열네 번 찾아갔더니 '무엇을 도와드릴까요' 하면서 보험을 들어주었습니다." MDRT(Million Doller Round Table, 탑클래스 보험설계사의 명예의 전당) 회원인 보험 세일즈맨의 말이다.

"교수님, 어젯밤에 손님이 요구한 것을 밤새워 해서 새벽 다섯 시에 집으로 찾아갔더니 OK 하시던데요." 자동차 세일즈맨의 말이다.

아직 부자가 안 되었다면 부자가 될 때까지 해보라. 하면 된다.

인간은 최선을 다하지 않으면 내가 잘할 수 있는 일이 무엇인지 알 수가 없다. 누구나 다 자신의 모든 힘을 바쳐서 일이 제대로 되면 즐거움을 느낀다. 그러나 일이 안 되면 그렇게 모든 것을 다했는데도 왜 실패했는지를 파악해야 한다.

얼마만큼 최선을 다해야 하는가? 많은 분들이 '노력을 할 만큼 했는데도 안 되더라' 하는데 이것은 최선을 다하지 않았다는 증거다. 최선이란 '일이 될 때까지 하는 것을 의미' 한다. 잠자는 시간만 개인 시간이다. 그것도 일하는 꿈을 꿀 정도의 노력을 다해야 한다.

내 일인데 힘들다고 하면 안 된다. 남의 일이면 시작부터가 힘들겠지만 자기 일이면 손가락이 부러지고, 무릎이 망가져도 힘들다는 것을 못 느끼게 된다. "아침부터 일해서 허리 펴면 밤이었다." 어느 성공한 부자의 말을 귀담아들으라.

부자 되는 데 가장 최선을 다해야 할 것이 돈 문제다. 일단 중요한 돈을 내가 직접 챙긴다고 결심하라. 직원도 모르고, 가족도 모르게 해야 한다. 물론 경비 처리는 투명하게 하는데 통장을 여러 개로 나눠 전체적인 규모는 전원이 알 수 없게 하라. 나만이 아는 믿을 만한 별도의 세무법인 대표에게 부탁을 해서 전체 규모가 새어나가지 않게 하는 것이 중요하다. 매출액이 수백억 원이 넘기 전까지의 이야기다.

힘들게 벌어서 매출 10만 원이라도 나오면 저축하며 수전노 소리를 100번 이상 들어야 한다. 여러 은행의 지점장들과 사귀면서 은행 간에 경쟁을 시키는 방법도 중요하다. 지점장들과 친해졌을 때 "다른 곳에서는 이렇게 하는데"라고 던지면 반드시 반응이 온다.

또한 돈이 많아도 돈에 영향을 받지 않는 것이 중요하다. 사업이 성장하면서 생긴 풍요 때문에 자만심이 생기지 않도록 해라.

그리고 자기 자신에게 최선을 다하자고 항상 암시할 필요가 있다. 매일 저녁 자신의 하루를 체크해 보고 고칠 것이 있으면 자신의 휴대전화에 문자메시지를 보내라. '오늘은 너무 게을렀으니, 정신 차려서 내일부터 일하자.' 이렇게 입력해 놓고서 한가한 시간에 문자를 읽으며 마음을 다잡는 시간을 가져라.

_ 겁내지 말고 벽을 깨라

"매일 변화하는 사람이 진정한 부자가 된다."

무슨 뜻일까? 세상의 변화보다 먼저 변하면서 세상을 이끌어가는 부자가 되라는 말이다.

"변화를 시도하다 보니 돈이 따라왔다."

"일주일마다 바꾸어라. 아니 시간마다 생각을 확 바꿔라."

"어제 한 것 중 좋은 것을 잊고, 나쁜 짓을 고치도록 하라."

이런 이야기들을 진정으로 실행하는 사람들이 진짜 부자다. 또 다른 부자들은 다음과 같이 이야기한다.

"고깃집을 하는데 광우병 파동이 날 조짐이 보이자 바로·생각을 바꾸어서 술집 노래방으로 바꾸었다. 우리 집사람은 드레스 도우미 일을 할 때도 주인을 뛰어넘을 생각을 수시로 했다."

내가 하는 일에 대해서 겁내면 안 된다. 모든 것에 부딪쳐 보면 된다. 오로지 된다고 생각만 하라. 어제는 뛰어서 돈 벌고, 오늘은 앉아서 돈 벌고, 내일은 누워서 돈 벌자. 점점 늘면 된다.

고통의 늪을 벗어나겠다는 의지가 필요하다. 그래야 당신도 이 땅의 진정한 부자가 될 수 있다.

120만 원으로 시작하라

"자본금이 있어야 뭐라도 시작하지."

이런 사람들이 많은데, 잘 모르고 하는 소리다. 실제로 자본금은 별 문제가 안 된다. 사업이 시작되고, 가능성이 보이면 돈은 저절로 불어나기 때문에 자본금이란 원래 없어도 되는 것이다. 개인사업자로 시작하면 120만 원 가지고도 창업 10년 후에 수백 개의 가맹점을 관리하는 체인사업체의 오너가 될 수 있다.

"교수님. 제가 딱 120만 원으로 시작했습니다. 토스트판을 만드는데 보통 5만 원, 아니 20만 원 든다고 하던데, 저는 토스트판이 토스트의 생명이라고 보고 100만 원을 들였습니다."

가만히 듣는 필자가 이해를 못한다고 생각한 그는 다시 설명했다.

“100만 원으로 제가 생각한 대로 특수 제작해 달라고 했습니다.”

두 번씩이나 이야기하는데 모른 척하기도 뭣해서, “원래 그렇게 하는 것입니다”라고 맞장구를 쳤다. 돈을 들인다고 다 성공하는 것은 아니다. 적은 돈, 아니 자본금 없이도 부자가 될 수 있다. 부자는 맨손으로 시작한 경우가 많다.

“제가 돈 한 푼 없이 시작했습니다. 먼저 대리점을 모집할 때 지역 상권을 줄 테니 보증금을 먼저 내라고 했지요. 그렇게 돈을 모으고 나서 시작했습니다. 돈이 없어도 됩니다.”

건강식품 회사를 창업해 회장 자리에 오른 사람의 이야기다. 고급 한정식 집에서 둘이 앉은 자리에서 나눈 4시간 정도의 대화 중에, 그는 자신이 어떻게 부자의 길에 들어섰는지를 1시간 30분 정도 설명해주었다. 결국 요점은 돈이 없어도 사업을 할 수 있다는 것이다.

필자가 아는 분들 대부분이 밑천 없이 시작하였다. 자산이 1,200억 원이 되신다는 분은 어머니가 준 돈 2,500원을 가지고 시작하여 부동산으로 돈을 벌었다고 하고, 300억 원이 되신다는 분도 1,200원 가지고 시작했다고 한다. 가맹점이 600개가 넘는 여성 회장님도 초등학교 졸업 후에 서울에 와서 1,500원 가지고 시작하였다고 말한다.

물론 30~40년 전, 자장면이 20원 할 적의 이야기이지만, 중요한 것은 돈이 아니라, 맨손에서부터 어떤 가치를 만드나에 달려 있다. 손님들이 돈을 기꺼이 내고 무엇인가 사겠다고 달려들 때, 그때부터 가치가 생기는 것이다. 그러한 가치를 가진 품목을 어떻게 만들 것인지가 핵심이다. 못 만든다면 어떻게 하면 그것을 가지고 있는 사람에게 최저가에

안정적으로 공급받을 수 있느냐 하는 것이 중요하다.

둘째는 일단 돈을 만들고 있으면 다른 사람들이 달려들어서 점점 돈이 불어난다는 것이다. 다른 사람들에게 이득을 줄 수 있다고 판단되면 슬쩍 흘려보라. 그러면 알아서 돈이 들어온다. 정보를 흘릴 때 약간의 과장은 할 수 있으나, 허풍을 떨면 오히려 큰 손해를 볼 수 있다.

"제가 500번 이상 라면을 끓였을 것입니다. 아니, 더 되는 것도 같은데, 수많은 시간 동안 라면을 끓이다가 라면 박사가 되니까 그때부터 보이더라고요. 어떻게 할까 하다가 그냥 라면을 쟁반 위에 올려놓고 나니까 슬슬 단골손님들이 생기더군요. 단골들이 슬쩍 비법을 물어보기에 그냥 웃었지요. 그러니 동업하자, 가맹점하자고 제의가 들어오면서 슬슬 돈이 들어오더군요."

이것이 비법이다. 남의 돈을 가져다가 하는 것이 진짜 사업이다.

자기 재산은 과대평가하고, 자기 부채는 평가절하

부자가 되지 못한 많은 분들이 자주 하는 실수가 자기 것을 과대로 평가하고, 남의 것을 과소로 줄이는 경향이다. 내 주머니에 있는 돈은 크다고 생각하고, 내가 힘들어지면 도와줄 가족과 친한 친구들의 주머니에 있는 돈도 어느 정도 내 것이라고 생각한다. 그리고 은행에서 빌린 돈과 사채로 끌어당긴 돈은 남의 돈인데 실제로는 그것을 작게 생각한다.

왜 그럴까?

자기 자식이 잘나 보이고, 남의 자녀가 못나 보이는 것과 동일한 이

치다. 내 것은 좋고 많다고 생각하고 남의 것은 나쁘고 적다라고 오판하는 성향을 우리들은 태어날 때부터 가지고 있는 듯하다.

또한 다른 이유로는 모호한 것은 크게 보이고, 구체적인 것은 작게 보이기 때문일 것이다. 예를 들면, 부자인데 힘들면 도와주겠다는 말을 한 번 한 적이 있다고 하자.

"네가 필요하면 40년 친구인 내가 한 장 정도 도와줄게."

친구는 그저 옛 우정의 마지막 남은 그림자로서 100만 원 정도라고 생각하고 있는데 자신은 친구는 빌딩이 여섯 개이고 예금통장이 53개이니 날 도와준다는 것이 적어도 10억 원은 될 거라고 착각에 빠지는 것이다. 그냥 인사말을 아주 크게 생각한다.

그리고 동네 금융기관에서 빌린 4,500만 원은 별것 아니라고 판단한다. 내가 새로 차린 가게에 하루 300명씩만 손님을 끌면 두 달이면 다 갚을 수 있는데, 하면서 마음이 풀어진다. 내 친구가 도와주면 그까짓 수천만 원쯤이야, 한다. 부모님이 거주하시는 50평짜리 아파트를 담보로 맡기면 1~2억 정도야, 한다.

이런 뜬구름 같은 믿음을 가지고 사업을 시작하면 실제로 안 되는 경우가 대부분이다. 부자가 처음부터 안 되는 것이 아니라, 부자가 되는 과정에서 조금씩 시련이 올 수도 있는데, 그것을 넘어야 한다.

내가 가진 것이 크다고 믿고 있었는데, 막상 일이 안 되기 시작하면 거의 아무도 도움을 주지 못한다. 장롱 속에 숨겨둔 은행통장의 잔고도 얼마 안되고, 친구의 한 장은 믿었던 것의 천분의 일인 100만 원으로 밝혀지고, 부모님의 집은 벌써 다른 형제가 맡기고 돈을 빌려간

후가 된다.

그때 저승사자 같은 빚 독촉이 들어온다. 그때까지 과소평가했던 남의 돈이 거대한 압박으로 다가오면서 숨을 콱콱 막히게 한다.

내 딸이 미스코리아감이라고 허풍떨 때의 오판처럼, 내가 필요로 할 때 도와주는 힘들이 정말로 별것 없다는 것을 아는 순간 당신의 꿈은 연기처럼 사라진다.

사업을 할 때는 내 것과 네 것을 명확하게 구분해라.

그리고 회사를 창립하기 전에 자녀들의 이름을 따서 회사 이름을 작명하는 것이 좋다. 아들과 딸 1남 1녀일 경우에는 '아들 이름의 한 글자' 와 '딸 이름의 한 글자' 를 따서 회사 이름을 짓고, 회사를 자녀들에게 물려주면 된다. 특히 회사를 물려받을 자녀는 아주 혹독하게 훈련시켜야 한다. 어느 오너는 회사를 물려받을 아들이 군대갔을 때 아는 사람에게 연락해 가장 힘든 곳으로 보냈다고 한다.

그리고 출가할 딸에게도 회사 지분의 일정 부분을 넘겨줄 필요가 있다. 승계 받을 아들에게 문제가 생겼을 때 대안을 미리 준비해두어야 나중에도 편해진다.

06

학습 學習

학(學)테크, 배워서 부자 된다

모든 비법은 학술에 있다. 어떤 학술이냐? 대학에서 가르치는 것이냐? 그런 학술이 아니다. 인간이 터득한 새로운 깨달음의 집합을 학(學)이라고 지칭하고, 그것들에서 비법을 뽑아내서 사용하는 것이다. 그런 것에 필자가 붙인 말이 '학테크'다.

학테크란 논리적으로 대상을 면밀히 분석하여 지식을 쌓아가며 깨달음을 얻는 방법을 말한다. 이 방법으로 지식을 쌓으면 성공에 더욱 쉽게 도달할 수 있으며, 부자들은 이 방법에 정통한 사람들이 많다.

중소형 빌딩에 살면 자주 누수되는 것을 목격할 수 있다. 여름에 옥상에 비가 와서 조금이라도 경사를 타고 흘러 고이면 아래층으로 내려온다. 또한 화장실에 물을 공급하는 옥상 탱크의 밸브가 고장 나거나 겨울에 터지면 물이 새서 빌딩 중간에 스며든다.

필자도 10년 정도 빌딩을 관리해 보았는데, 소방이니 부가세니 하는 것은 그래도 쉬운 것들이다. 그런데 물이 새면 영 곤란하다. 하수도를 더 크게 뚫어도, 방수 천재를 모셔 와도 도무지 해결할 방법이 없었다.

그러다 어렵게 전문가 한 사람을 찾았다. 막상 만나 보니 허름한 옷차림에 말도 별로 없이, 필자가 지하에서 3층으로 모시고 올라가면서 설명하는 것을 듣기만 했다. 별 반응 없는 그를 약간 의심도 했지만 그래도 꽤 실력 있는 양반이라는 소리를 들었기에 내색하지 않았다. 그런데 그는 다시 오겠다는 말만 하고는 가버렸다. 이런 일을 시킬 때는 일단 견적이 얼마인지 아는 것이 중요하다. 그것을 먼저 이야기해놓고 하는 것이다. 다음 날 왔을 때 물어보니 꽤 높은 금액을 불렀다. 방수와 물탱크에 곤욕을 치른 필자는 일단 승락했다.

그랬더니 웬걸, 하루 종일 할 줄 알았는데 한 30분 정도 작업하더니 다 되었다고 한다. 이럴 때는 돈을 다 지불하면 문제가 생긴다. 며칠 있다가 또 물이 샐 수도 있기 때문이다. 그래서 일단 50퍼센트만 주고 나머지는 며칠 지나서 물이 안 새면 주겠다고 했더니 알았다며 그는 트럭을 타고 돌아갔다.

며칠을 기다려 보면서 옥상에 조금씩 물을 부어보았다. '내일 아침에 3층 세입자들이 난리를 칠지도 모르겠구나' 하고 생각했다.

그런데 아무런 반응이 없었다. 오후에 나가보니 세입자들은 별일 없다고 했다. 이렇게 며칠이 지나고 그가 다시 왔을 때 잔금을 치르면서 어떻게 문제점을 찾았는지를 물었다.

"제가 이런 일을 여러 번 했는데 처음 한 일주일 동안을 현장에서 살았습니다. 거의 살다시피 하면서 물의 흐름을 관찰해서 터득했습니다. 그렇게 알고 나니까 그 다음에는 전부 쉽게 풀리더군요."

필자는 반가운 마음에 그가 요구한 돈에다가 10만 원을 더 주었다.

그는 학테크를 한 것이다. 일주일 동안 물이 새는 것을 관찰하는 사람은 없었다. 내로라하는 방수꾼들을 수십 번 불러도 빠르면 몇 달, 아니면 1~2년 후에 다시 문제가 생겼다.

필자가 관리하던 빌딩이 매각된 후에 그 전문가에 대해 우연히 듣게 되었는데, 상당한 부자라고 했다. 사무실은 조그마해도 시내 곳곳에 빌딩이 일곱 채나 있다는 것이다.

07

시간時間

아침 시간을 활용하라

4, 50대 부자들 중 상당수가 일찍 일어난다. 나이를 먹으면 새벽잠이 줄어드는 것도 하나의 이유일 수 있으나, 하루 24시간이 부족하다고 생각하는 사람들이 가장 쉽게 할 수 있는 일이 바로 잠을 줄이는 것이다.

"밤에 몇 시에 자는지는 상관이 없습니다. 새벽 4시 50분이면 바로 눈이 떠집니다."

일어나자마자 새벽 기도를 하고, 운동하고 회사로 출근하면 항상 1착이라는 자수공장 대표이사의 이야기다.

새벽에 일찍 일어나면 걸리적거리는 일이 거의 없다. 여우 같은 마누라와 세상 물정 모르는 자식들은 전부 자고 있다. 세상이 고요할 때 혼자서 어제의 문제를 집중적으로 분석하고 반성하는 일이 가능하다. 실수에 대해 자책하고 고민하기보다는 그러한 문제가 생긴 원인과 앞으로 주의해야 할 것을 명심하는 일이 아주 중요하다. 이 일은 대부분의 경쟁자들이 잠들어 있는 새벽에 아주 쉽게 할 수 있다.

우리나라에서 부자가 전 인구의 5퍼센트가 안된다면, 부자가 되려는 사람은 20대 1의 경쟁에서 이겨야 한다. 혼자서 19명과 싸워서 이긴다는 것은 결코 쉬운 일이 아니다. 대부분의 경쟁자들이 잠에 빠져 있을 때 자신이 혼자서 어제 잘못한 일을 반성할 수 있다면 나만의 경쟁력을 더욱 키울 수 있다.

새벽에 일찍 일어나서 좋은 점은 또 있다. 하루를 아주 경제적으로 활용하면서 그날 할 것을 충분히 계획하고 보다 빨리 시작할 수 있다. 기상한 후에 하루 종일 할 일들에 대하여 하나씩 순서별로 짚어 보면서 어떠한 일을 왜 해야 하는지를 자문하고 자답할 수 있는 기회를 가질 수 있다. 오늘 해야 할 십여 가지 일들 중에서 중요하지 않은 일은 과감히 머리 속에서 제외시키는 것이 필요하다. 그리고 꼭 해야 할 일을 하는 것이 아주 중요하다.

"부자가 되려면 남들에게 확실한 믿음을 줘야 합니다. 그것도 자신에게 돈을 가져다주는 사람들과 신뢰 관계를 형성하는 것은 아주 중요합니다."

학교 선생님을 하다가 무역회사를 차리고 이제는 어느 정도 틀을 잡은 사장의 이야기다.

새벽에 혼자서 그날 만날 사람들 중에서 중요하다고 판단되는 사람들에 대해 깊게 생각해 보는 습관을 키우는 것이 필요하다. 아주 세밀하게 오늘 만날 사람이 원하는 것이 무엇이고, 그것을 내가 충족시켜 줄 수 있는지 없는지를 판단하는 일은 미팅 직전까지 하루 종일 생각해도 시간이 모자란다. 그런 일은 전화 연락 같은 번거로운 방해가 없는 새벽에 처리하는 것이 현명한 선택이다.

_ 내 시간은 늘리고, 타인의 시간을 줄여라

"교수님. 저는 아마 욕심쟁이인 것 같아요."

"……."

필자는 대답하지 않고, 이슬차를 그냥 마셨다. 이 부자는 욕심쟁이도 보통 욕심쟁이가 아니다. 하지만 자기 욕심만 챙기는 욕심쟁이는 아니다. 자신이 정하고 추진하는 일에 다른 사람들이 전부 가세하게 만드는 독특한 매력의 소유자이다. 물론 업무를 수행한 대가도 반드시 충실하게 지불한다. 본질적으로 그 분 주위의 모든 분들이 그 분을 위해서 움직인다. 자신은 손가락 하나 까딱하지 않는데도 거의 모든 일들이 그 분을 위해서 수행되는 것이다.

24시간을 효율적으로 쓰는 가장 좋은 방법은 내 생각대로 남들을 움직이게 하는 것이다. 자신이 새로운 큰 그림을 그리고, 그것 안에서 다른 사람들이 생각하고 활동하게 하는 것이다. 자신의 목표를 따라서 이 세상의 많은 타인들이 함께 노력할 때에 나의 시간이 무한대로 확장한다. 나의 물리적 시간은 24시간이지만, 수많은 사람들이 함께하는 시간은 2,400시간, 24만 시간, 무한대로 확장하게 된다.

내가 하고 싶은 일을 남들이 해주면 부는 저절로 커진다. 부자가 아닌 사람들은 평생 남의 일만 해주다가 지친다. 사장이 시키지 않으면 앉아서 게임이나 문자 보내는 것으로 소일하는 것이 대부분이다.

중요한 것은 자신이 항상 일을 만들면서 스스로 새로운 일을 하는 것이다. 이렇게 되려면 남을 절대 따라 하지 말아야 한다. 자신이 새롭게 생각해 낸 것을 타인들이 하게 만드는 것이 부자의 길이다.

우리나라에서 주상복합 건물을 최초로 추진했던 사람은, 당시 상가 위에다 집을 짓고 사는 것이 격에 맞지 않는다는 주변 사람들의 말을 완전히 무시했다. 맨 처음에는 '그딴 데 살기 싫다'는 딸의 불만을 주저앉히고 그냥 밀어 붙었다. 몇 달 사니까 아무런 불편이 없었다.

그 다음부터는 아예 빌딩을 지으면 대부분을 주택으로 하고 상가임대와 주택임대를 동시에 했다. 그 후에 우리나라에서 본격적으로 주상복합 건물들이 우후죽순으로 들어서자 그때부터 아예 자신은 손을 떼었다.

자신이 생각한 것을 추진하면서 일부 주위 사람들의 반대를 물리치고 나서는 거의 모든 사람들이 그 분이 생각하는 대로 움직이게 된 것이다. 맨 처음에는 24시간을 거의 모두 주상복합의 성공 여부만 신경을 썼으나, 그 후에는 별로 신경을 안 써도 다른 사람들이 알아서 자신의 일을 해준다.

여러분이 혹시 아직도 남의 생각 안에서 논다면, 가능하다면 자신의 시간을 늘려야 한다. 평생 일할 수 있는 햇수는 얼마 되지 않는다. 그

아까운 시간의 대부분을 타인의 생각을 위해서, 타인의 시간을 대신 해 주는 것은 너무나 아까운 일이다. 자신이 주도권을 가지고 자신의 생각 대로 자신이 행동하고, 자신이 결과를 누리는 사람이 되어야 한다. 그런 사람이 바로 부자다.

08

몰입沒入

장사 잘되면 안 아파요

손에 왕방울 다이아를 끼고 족발을 써는 아주머니는 일 년 내내 병원에 안 간다. 어쩌다 몸이 약간 아플 때는 족발을 쾅쾅쾅 하고 내려치고 나면 몸이 싹 낫는다고 한다. 손님이 줄을 서서 족발을 먹으러 오는 것을 보면 몸에 엔돌핀이 확확 돈다는 궤변을 너스레 던지는 이 아줌마는 부자다.

평생 남의 아기 받느라고 신물이 났지만, 그래도 이따금 백화점 가서 쇼핑하면 스트레스가 확 풀린다는 산부인과 여의사도 비슷한 경험을 실토한다.

"이상하게도 제 몸이 아픈 적이 별로 없어요. 하루에 3분을 쉬기 힘들 정도로 배부른 환자가 오는데, 어떻게 내 몸은 안 아픈지……."

돈이 수돗물처럼 쏟아지니 제 몸이 아프다고 할 정신이 없는 것이다.

장사가 잘되면 자기 몸이 아픈 것도 모르고, 휴대전화로 통화하다 손님 와서 냉장고에 휴대전화를 넣을 정도로 정신없이 일해도 신난다.

신나게 일을 하고 싶으면 일단 자기가 하는 일에 완전히 빠져야 한다. 유식한 말로 몰입(Involvement)이라고 부르고, 흔한 말로 미쳤다고 한다.

일에 완전히 빠지면 남들이 못 보는 새로운 것들이 눈에 들어온다. 새로운 생각으로 새로운 것을 만들어내는 아이디어와 열정이 함께 샘솟는다.

필자는 한꺼번에 여러 가지 일을 동시에 처리하는 습관이 있다. 예전보다는 많이 줄었지만, 그래도 주변 사람들보다는 심한 편이다. 이를 평행사고(Parallel Thinking)라고 한다. 이 습관은 필자가 처음 미국에 유학갔을 때 본 교수의 행동에서 배운 것이다. 그 교수는 전화를 받으며 손에는 논문을 들고, 커피잔을 입에 문 상태로 내가 문을 열고 들어서자 질문에 고개를 끄떡였다.

필자는 수업시간 도중 수업이 끝나고 집에 갈 때 한국 식료품점에서 장 보고, 한국드라마 비디오 빌리고, 내일 저녁에는 한국 유학생끼리 오랜만에 낚시나 하러 가자는 생각을 동시에 하는 연습을 했다. 그랬더니 놀라운 일이 계속 생겼다. 한 번에 여러 가지 일을 처리하는데, 효율이 훨씬 높아진 것이다.

남들이 일주일에 5가지 일을 한다면 나는 3일에 5가지 일을 모두 끝내고 새로운 일 3가지를 시작하는 경우도 있었다.

그런데 이렇게 평행사고를 오랫동안 지속하면 단점도 나타난다. 아주 중요한 일을 소홀히 처리하기도 한다는 것이다. 그런데 본인은 알 수가 없다. 머리는 생각하고, 입은 이야기 하고, 눈은 다른 곳을 보고, 손은 뭔가를 집게 되므로 하나에 집중해서 최고의 성과를 내는 데는 소홀하게 된다.

그래서 몇 년 전부터 방식을 바꾸어 아주 중요한 일이 있을 때는 하나에 몰입하고, 그다지 중요하지 않을 때는 예전처럼 평행사고를 하는 방식으로 습관을 고치고 있다. 아직도 보완하는 중이지만 예전보다는 훨씬 좋다.

한 가지 일에 아주 몰두하거나 아니면 여러 가지 일을 하거나 상관없이 일이 잘되면 신이 나서 몸이 아픈 줄을 모른다. 일이 다 끝나고 나서 한가해지면 그때 느끼게 된다.

그러나 일이 계속해서 늘어 나면 한가해질 수 없어서 아픈 줄을 모르는 것 같다.

09

가족家族

정이 아니라 파트너십으로

이 세상에서 서로 남남으로 살아온 남녀가 만나서 상대방을 50퍼센트 이상 이해한다는 것은 불가능하다. 연년생 형제가 20년을 한집에서 살아도 서로를 절반 이상 이해하지 못한다. 왜냐하면 인간은 개성이라는 것이 있고 살아가는 방식이 다르기 때문이다. 아주 절친한 형제 간에도 20~30퍼센트 정도를 이해하면 높은 수준이다. 부부 간에는 당연히 처음에는 이해도가 낮으나, 살아가면서 50퍼센트 근처에 갈 수는 있을 것이다.

부자가 되고 싶으면 꼭 결혼을 하라. 이 세상 부자들의 90퍼센트 이상이 부부다. 부자가 되려고 결혼을 할 때의 가장 큰 조건은 이해도가 아니라, 신뢰하고 같이 일을 할 수 있느냐다. 부자가 되려면 생각의 폭을 넓히고, 그것을 같이 실행해가는 과정에서 함께 노력하고, 그 노력의 결과를 공유하면서 상대방에 대한 신뢰를 가져야 한다. 한 방에서 같이 자는 부부가 통장을 서로에게 맡기지 못한다면 부자가 되는 것은 애당초 가당찮은 일이다.

"저는 밖에서 벌어온 모든 돈을 집사람에게 맡겼습니다. 집사람이 부동산에 훤하니까 부동산 투자를 하라고 한 것입니다. 또 집사람이 살림을 하니까요."

"그러면 회장님은 사회생활이나 용돈은 어떻게 하셨습니까?"

"저는 저대로 또 방식이 있습니다. 가끔 기타 소득이 생기면 그것을 작게 투자해서 거기에서 나오는 것으로 술 마시고, 골프치고……."

부인에게 외부에서 벌어온 모든 소득을 맡기는 순간, 부인은 그 돈으로 철저한 투자가 가능하게 된 것이다.

많은 사람들이 사업에 매진한다. 그중 가장 많은 사람들이 음식업에 치중한다. 그것도 부부가 같이. 그런데 중요한 것은 그러한 부부 공동 요식업의 성공률이 5퍼센트 정도밖에 안 된다는 것이다.

물론 비슷비슷한 업체들이 너무 많다 보니 요식업 부문에서 경쟁하기 힘든 것도 사실이다. 그런데 그것보다는 부부 중에 어느 한 쪽의 마음이 흐트러져서 사업이 망하는 길로 접어드는 경우가 많다.

"처음에 실패했던 이유는, 제가 갈비 불을 열심히 만드는 동안 아내는 부엌에서 TV나 보고 있었다는 겁니다."

갈비집을 부부가 함께하는데 부인은 고용된 아주머니들에게 시키기만 하면서 홈쇼핑으로 흥청망청 돈을 써대니 망했다는 것이다.

그는 어떻게 실패를 극복했을까? 부엌의 TV를 없애버리고, 부인의 카드를 빼앗았다. 그리고 부인이 아주머니들보다 일을 적게 하면 그달 생활비를 줄였다. 그러자 부인의 마음이 돌아오면서 조금씩 나아졌다.

영어에 ‘Free Rider’라는 말이 있다. 한마디로 ‘무임승차자’를 말한다. 부부 간에 한쪽이 무임승차를 하면 절대로 부자가 못 된다. 중소기업체 사장 중에서 어느 정도 사업이 잘되면 딴짓을 하는 경우도 종종 있다. 일단 외제차 뽑고, 골프 배우고, 그리고 각종 모임에서 감투를 쓰려고 수백만 원씩 쓰고, 야간 모임에 나가면서 가끔은 딴 생각도 한다. 바로 사업이 기울어지는 순간이다.

부부가 일심동체로 일하면 된다. 배우자를 고를 때 이 점을 신경 쓰면 성공에 더 가까워질 수 있다.

부부에게는 또 다른 걱정거리가 있다. 자녀들이다. 부부가 노력해서 부자가 되고 나면, 자녀들은 많은 혜택을 본다. 우리나라와 유럽 그리고 가까운 중국과 일본의 부잣집에서도 공통적으로 나타나는 현상이다. 자녀가 부모에게 도움을 주는 경우는 거의 없다.

부모가 일군 부가 3대를 넘어가려면 자녀는 부모만큼의 노력을 해야 한다. 부모가 상황이 좋아졌다고 자녀에게 이래저래 잘해주면 자녀는 부의 길이 아니라 타락의 길로 들어선다.

“제 남자 친구가 큰 부잣집 아들인데요. 미국에 왔다갔다 할 때 부모님들이 꼭 이코노미 타고 가라고 해요. 그리고 뉴욕에서 학교 다니는데 절대로 자동차는 안 사준데요.”

필자는 여학생의 말에 그냥 대꾸하지 않았다. 왜 그랬는지를 아니까 그런 것이다.

"그런데 교수님, 그 남자 친구의 다른 친구들은 전부 람보르기니나 페라리 타고 유학 생활 해요. 제 남자친구의 부모님들이 너무 심하신 것 아닌가요?"

"심한 게 아니고, 아들이 오랫동안 부자가 되기를 원하는 것뿐이야. 쉽게 손에 들어오는 돈은 쉽게 나간다는 것을 아들에게 가르쳐 주려고 하는거지."

필자는 자녀들에게 아주 엄격하고 혹독한 부자들을 많이 안다.

"교수님. 제 아들의 핸드폰 값이 50만 원이 나왔다고 용돈을 더 달라고 하는데요."

"대답은 아시죠?"

필자가 무뚝뚝하게 답하자 어색한 웃음을 띠운 회장은 다짐하듯 말한다.

"안 대주고, 우리 회사에 와서 아르바이트 하라고 시켜야겠네요. 그것도 남들과 동일한 시급으로."

필자는 웃으면서 그와 함께 음식점을 걸어 나왔다. 그는 자녀가 오래 가는 부자가 되기를 진정으로 바라는 것이다.

Family Angel Investing

"소 판 돈 훔쳐서 도망 나와서 재벌 회장이 되었다."

작고하신 유명한 회장님의 초기 창업 자금은 가족의 지원(?)이었다.

집안의 소를 판 돈을 개인이 허락받지 않고 무단 사용했으나, 친족 간의 절도는 범행이 되지 않는다는 우리나라에서는 허용되는 행위일 수도 있다.

부자가 되는 길 앞에는 무한한 시련이 기다리고 있다. 예측이 되지 않는 것이 부자의 길이다. 될 듯하다가 또 안 되고, 다 되었는데 또 망하는 것이 부자의 길이다. 일본 최고의 부자는 "여덟 번 실패해도 한 번 제대로 성공하니 부자가 되었다"라고 말한다. 맞다. 부자의 길은 실패가 연속되는 고난이기 때문에 무한한 투자가 필요하다.

일반 벤처기업의 성공 확률은 0.03퍼센트에서 0.1퍼센트 사이라고 한다. 그런데 가족 벤처의 성공 이야기는 우리나라에 부지기수다. 정확한 통계를 수집했다는 이야기도 없고, 하기도 거의 불가능할 것인지라 정확히 알 수는 없다. 필자가 부자가 된 분들과 지난 십여 년간 나눈 대화에서 일관되게 발견한 것은 가족이 지원하면 성공 확률은 상당히 높아진다는 것이다.

"어머니께서 가지고 계신 것을 다 주셨고, 마지막에는 집의 전세금까지 빼주셨습니다. 어머니는 남은 속옷까지 팔려고 했을 것입니다."

이제는 어엿한 사장 자리에 앉게 된 부자가 차돌박이를 뒤적이면서 필자에게 해준 말이다. 어머니의 지원 덕분에 그 분은 강북에 빌딩을 4채나 가지고 있고 현찰도 꽤 있는 부자가 되었는데, 막상 어머니는 뇌출혈로 10년 이상 누워 계셔서 효도를 못한다고 하였다. 전화 연락이 오자 병원으로 가는 그를 보내면서 필자는 가족 벤처의 힘을 새삼 느꼈다.

사업은 부자 되는 첩경이지만 언제나 상당수 희생자들의 눈물이 있다. 초기 창업 자금을 지원받고 사업을 시작했는데 부도가 나서 회사는 넘어갔으나 경험과 노하우로 다시 일어선 부자의 사례에서 희생자는 초기 투자자다. 기술개발 특허를 내려는 것을 헐값으로 매입해서 떼돈을 번 분의 이야기 속 희생자는 초기개발자다. 가족은 그런 희생을 기꺼이 해주시는 분들이다.

가족들에게 자금을 지원받을 뿐만 아니라, 힘을 모아서 같이 작업을 하는 것이 부자의 길이다. 너무 서두르지는 말고, 그러나 지원을 지속적으로 받을 수 있는 정도의 가족 협업이 적정하다.

어느 부자는 오십 평짜리 사업체를 하나 차렸다. 일단 석 달 동안 매출이 거의 나지 않았다. 일 년 동안 적자가 나서 자신은 월급을 가져가지 않으면서 직원들에게는 꼬박꼬박 다 주는 것은 물론 추석과 구정 보너스도 챙겨주며 운영했다. 2년이 지나면서 흑자가 나기 시작했고, 다음에는 매년 수십 퍼센트씩 고속 성장해서, 이제는 자리를 잡게 되었다.

사업이 흑자가 나기 시작하자 회사에 다니는 동생을 강권해서 사직시키고는 자기 회사에서 약 3킬로미터 떨어져 상권이 겹칠락말락한 지역에 70평짜리 사무실을 동일하게 차리게 하였다. 건물주를 구워삶아서 7년 계약을 하고 집기 등 모든 것을 준비했다. 동생이 받은 퇴직금의 일부로 인테리어를 하고 동생에게 영업을 시켰다. 동생과 이익을 반반씩 나누는 조건에 시작한 것이었다. 형의 노하우와 자본 지원에 힘입어 형이 2년 넘게 걸린 흑자를 동생은 단 6개월 만에 이루어냈다.

3번째 사무실은 손아래 처남에게 동일한 방법으로 차리게 했다. 이렇게 하나씩 늘려가면서 열 손가락으로 꼽지 못할 사무실들을 가지게 되었고, 이제는 준재벌 소리를 듣고 있다. 물론 점포가 늘어가면서 일부는 가족과 친지들의 투자도 받는다.

가족끼리 도와가면서 사업하는 것이 부자 되는 길이다.

10

냉정冷靜

우유부단하면 안 된다

우유부단하면 절대로 큰일을 할 수 없다. 큰일을 못하면 부자도 될 수 없다. 필자는 미국에서 공부할 때 부자들의 성공 비결을 모은 글을 읽은 적이 있다. 아주 간단한 몇 개의 단어들을 중심으로 글이 이어졌는데, 기억에 남는 가장 중요한 글의 요지는 다음과 같다. '세상의 역사는 냉정한 추진력에서 나온다'.

귀국한 후 부자가 된 분들을 만날 때마다 그들이 얼마나 냉정한지를 수십 번 이상 느꼈다. 필자에게 약속했던 것도 상황이 변하자 냉정하게 잊었다가, 나중에 필요해지니까 다시 전화하는 부자도 있었다.

냉정함은 '상황을 자신에게 유리하게 이끄는 방법'이다. 달려들어야 할지 아니면 물러서야 할지 결정을 못 내리는 우유부단한 사람들이 의외로 많다. 이렇게 하면 얼마가 손해이고, 저렇게 하려고 하니 다른 것이 부담이 되고……. 이런 상황에서 어찌할 바를 모른다.

그러나 부자는 자신의 판단력을 믿고 아주 냉정하게 결정한다.

"제가 명품업체 오너인데, 저는 명품을 안 입습니다. 저희 회사의 명품 옷이 수입되서 들어오면 쳐다도 안 봅니다. 저는 오로지 제가 잘하는 경리 업무만 합니다."

돈만 계산해서 명품을 수입하는 회사의 오너가 된 부자의 말이다.

전 세계적으로 아주 유명한 패션업체의 사장은 패션잡지를 안 본다. 이유는 잡지들을 보면 자신의 망막에 그것이 찍히니까, 냉정하게 전부 끊고 원하는 디자인만을 추구한다는 것이다. 몰라도 된다. 강철왕 카네기도 강철을 전혀 몰랐으나 대성공을 했다.

중요한 것은 얼음보다 더 차가운 냉정함을 지속적으로 유지할 수 있느냐다. 흔들릴 것 같으면 결단을 내리기 전에 틈을 가져라. 상대방과의 계약이 99퍼센트는 되었는데 혹시라도 1퍼센트가 틀려서 내가 손해를 볼 것 같다는 판단이 들면 도장 찍기 직전에 화장실을 다녀오라. 손을 씻으면서 생각해보라. 다시 테이블에 돌아와서 도장을 집었다가도 마음이 끌리지 않으면 다시 화장실에 다녀오라. 계약 직전에 4번 화장실을 다녀왔다는 부자도 있다.

우유부단하면 게을러진다. 우유부단하면 자신감이 사라진다. 그런 사람은 절대로 사업에서 성공할 수 없다. 과감하고 독해야 한다. 얼음보다 더 냉정해야 한다.

　문제가 될 수도 있는 부탁은 매몰차게 거절하는 것이 부자의 길이다. 당신의 결단력을 시험하라.

　단 중요한 것은 일단 결정을 내리면 그것에 어떠한 반대가 있거나 어려움이 있어도 끝까지 밀고 나가야 한다.

11

인사人事

직원관리

부자가 되는 가장 보편적인 방법이 사업이다. 자수성가형 비즈니스맨(Self-employed Businessman)을 의미한다. 그렇게 되려면 직원관리를 잘해야 한다.

"교수님, 제가 해보니까 사장은 빠꼼이가 되어야겠더라고요. 아니면 직원들이 속입디다."

강 사장의 이야기는 사실이다. 회사라는 것이 온갖 부류의 사람들이 다 오기 때문에 사장이 내용을 잘 모르면 금방 속이려고 달려든다. "그지 깽깽이 같은 사람들을 관리해야 성공합니다." 어느 여사장님의 이야기도 일리가 있는 말이다.

회사를 나만의 명품 사업장으로 만들면 성공한다. 다른 곳에서는 절대로 흉내 내기도 힘든 독특하고 매력 있는 사업장으로 변화시키는 것이다. 직원들도 신나고, 손님들도 좋아한다. 이렇게 되려면 직원들을 전부 열심히 하게 만들어야 한다. 물론 그렇다고 해서 직원들에게 완전히 맡겨 버리면 문제가 된다. 일을 잘하는 직원도 사장이 직접 관리해야 더 자라게 되고 사장 마음도 편하다. 또한 직원들에게 너무 잘해주면 그들의 기대 수준이 올라가서 나중에 힘들어질 수가 있으니 직원 관리는 항상 신경 써야 한다.

하루는 정신이 맑을 적에 중요한 직원들을 불러놓고서 회사의 문제점을 이야기하는 회의로 시작하는 것이 좋다.

"우리 회사의 문제점이 무엇이냐? 허심탄회하게 이야기하자."

막상 사장이 이렇게 나오면 직원들이 어리둥절해한다. 불만자들을 솎아내려는 오너의 꼼수라고 오판하는 직원들은 입을 열지 않는다. 그러나 그렇더라도 계속 밀고나가면 직원들이 사장의 진심을 이해하고 입을 연다. 직원들이 던지는 말 한마디 한마디를 세심하게 들으면서 중요한 것들을 머릿속에 컴퓨터처럼 입력할 줄 알아야 한다.

사장의 기억력이 나쁘면 회사가 힘들어진다. 회사라는 전체의 큰 틀 안에서 이루어진 모든 것을 사장이 직접 관리하려면 자기의 머릿속에 전부 기억하고 있어야 한다. 회사의 업무를 초 단위로 분석하면서 문제점을 발견하고, 직원들은 그에 대해 어떻게 이야기하는가를 듣고 대처방안을 마련해야 한다.

12

확신確信

_ 할 수 있다

부자는 그냥 되는 것이 아니다. 실패를 넘어서고 또 극복하고 처절한 삶의 고통을 이겨낸 사람이 부자다. 모두가 실패를 한다. 어떻게 극복을 할 수 있느냐가 문제다.

현재는 매출이 1조 원에 가까운 회사의 오너인 부자가 있다. 그는 시장 안에 있는 1평짜리 가게에서 시작하였다. 몇 년을 고생하여서 상당한 재산을 모았는데 사업이 삐끗해서 모든 것을 잃었다. 주머니에는 단돈 1,000만 원이 남았고, 어머니에게서 2,000만 원을 빌렸다. 그는 외국 브랜드를 잡으면 된다는 확신이 들어서 가진 돈 3,000만 원 중에서 2,000만 원을 브랜드 라이센스 계약하는 데 썼다. 그리고 호랑이처럼 돌진해서 바로 100억 원의 매출을 올리고는, 그 후 십여 년 동안 승

승장구하고 있다.

　실패를 뛰어넘을 수 있었던 것은 그의 탐구욕이다. 질문을 많이 해서 별명이 '물음표'가 되어야 한다. 또한 지금 당장 해야 할 것이 무엇인지를 찾아야 한다.

　"난 내가 남에게 밀리면 죄의식이 든다."

　어느 부자가 나에게 던진 말이다. 필자는 듣는 순간에 전율을 느꼈다. 자신에 대한 확신이 있었기에 지면 죄의식을 느낄 정도로 승부욕을 갖게 된 것이다.

　"자존심이 강해서 남에게 부탁하지 않으려고 했다. 그래서 나를 혹독하게 다루었다."

　불굴의 의지로 일어나는 사람이 부자가 될 수 있다.

　어떤 이는 1주일에 5일씩 알바를 하면서도 대학등록금을 마련하지 못하자, 학교 책임자가 대학등록금을 할부로 낼 수 있도록 도와주었다. 신용카드가 거의 없던 시절에 분할 납부하게 해준 그 분의 은혜를 잊지 않았기에 더욱 노력해서 대학을 졸업할 수 있었다. 대학 입학식 날에 막노동 현장으로 나가야 하는 자기의 처지를 비관하지 않고 미래의 빛나는 꿈으로 이겨나갔다. 그 사람은 결국 부자가 되었다.

　초등학교 때 계란반찬을 싸 본 적이 없었다, 하루에 여섯 시간 이상 잔 적이 없다, 옷 한 벌로 입고 또 입고 하였다, 시신의 방청소를 해서 돈을 벌었다, 10만 원 생기면 2만 원을 쓰고 나머지는 저축하였다, 독하게 마음먹고 일했다, 흙먼지 먹어가면서 일했다…….

　부자는 실패를 성공의 비용이라고 믿는다. 이들이 던지는 말을 쉽게 넘겨서는 안 된다. 아무리 힘들어도 내일은 온다. 시련이 아니고 그냥 통과의례라고 생각하라. 그냥 지나가는 과정이라고 신경 쓰지 말아야 한다. 법적인 문제도 넘어서고, 화재도 극복해야 한다.

모든 극복은 확신에 달려 있다. 자신을 믿지 못하는데 극복하려는 의지가 어디에서 나오겠는가?

13

경쟁競爭

부자 되는 것은 전쟁보다 힘들다

3대 1의 경쟁을 이기려면 나머지 2명을 항상 관찰하고, 싸워서 이길 방법을 찾아야 한다. 말이 3대 1이지, 실제로 해보면 3대 1에서 승리하기란 아주 어렵고도 어렵다. 그런데 부자 되기는 3대 1이 아니라, 적어도 19대 1 정도 된다.

내가 5퍼센트 룰이라고 명명한 것인데, 전 세계에서 태초부터 지금까지 부자가 전 인구의 5퍼센트를 넘은 적이 없다. 우리나라도 마찬가지이고, 부자가 거의 없다는 아프리카는 말할 것도 없다. 1인당 국민소득이 5만 달러가 넘는 유럽 국가들도 마찬가지다.

부자가 인구의 5퍼센트가 안 되니 당연히 20명 중에서 1명 이하가 부자가 된다. 19대 1의 경쟁률을 넘어서야 부자가 되는 것이다.

아이러니하게도, 많은 분들이 부자 되는 것이 쉽다고 느낀다. 하지만 19대 1을 넘는 경쟁이 그리 쉬울까?

"교수님. 제가 잃고 또 잃고 거의 모든 것을 날리기 직전에 새롭게 시작한 사업이 성공해서 간신히 한 장을 넘겼습니다. 그 후에도 계속해서 해병대 시절보다 더 힘든 일들을 지속해서 지금까지 온 것입니다."

귀신 잡는 해병 부자 아저씨의 말은 사실이다. 부자들과 다섯 번 이상 만나면 조금씩 자신의 이야기를 내어 놓는다. 처음에는 명함도 안 주지만, 서너 번 만나면 휴대전화 번호를 가르쳐 주고, 대여섯 번이 넘으면 자신의 과거를 살짝 연다. 그렇게 들은 부자들의 이야기 대부분은 '전쟁보다 더 지독한 경험'을 했다는 것이다.

하루에 15시간씩 6개월을 해도 안 되는 일을 잠을 거의 안 자면서 일 년 이상 하니까 조금씩 되었다는 일화도 거짓말 같은 사실일 것이다. 비가 오나 눈이 오나 일 년 내내 거의 매일 새벽 기도에 나간 후에 바로 회사로 출근하였다는 분의 말도 사실일 것이다. 그 교회의 목사님은 자신의 아들이 집에서 몸에 불을 지르고 자살한 날 새벽에도 새벽 기도를 집전했다고 한다. 일 년 내내 단 하루도 빠지지 않고 새벽 기도를 여신 목사님이다.

자신이 하는 고생이 '일부러 골라서 힘든 일을 한다고 생각하는 것' 자체가 잘못이다. 전쟁 같은 노력을 한 끝에 생기는 결과는 자신의 부이다. 고생했다는 말은 부자가 된 이후에 후배들에게 자랑삼아 던지는 말일 뿐이다.

　그전에는 그것이 고생이라고 생각하지 말고 그냥 끝까지 하고, 또 하고, 또 또 해야 한다. 그래도 간혹 실패하는 경우가 있다. 그러나 대부분 전쟁보다 더한 고생을 하면 거의 성공하는 것이 자연의 이치다.

14

주식株式

_ 누가 주식을 통제할 수 있는가?

우리나라에 수천만 개의 주식 계좌가 있고 하루에도 몇조 원씩 주식이 거래된다. 그런데 회사형 개인들(남의 돈을 몇백억 원씩 끌어서 투자하는 사람들)을 제외하고 순수한 개인들은 보통 몇천만 원 가지고 주식 투자를 한다. 생활비를 알뜰살뜰 아껴서 만든, 채 1억이 안 되는 돈이다. 그러면서 커다란 함정에 빠진다.

얼마 있으면 내가 산 주식이 오를 것이다. 이러한 터무니없는 예측을 한다. 실제로 주식이 내일 오를지 내릴지 아니면 거의 그대로 있을지 아무도 모른다. 수많은 사람이 같은 종목을 산다. 그들이 누구인지를 알면 어느 정도 예측이 가능할 수도 있으나, 실제로 우리나라 대부분의 종목들은 한 번에 적어도 수백 명에서 많으면 수십만 명씩 샀다가 파는 상황인데, 누가 무슨 생각을 하는지 가늠할 방법이 없다. 초등학교 때 반장을 할 때도 서너 명이 떠들면 통제 가능하나, 한꺼번에 수십 명이 이리저리 떠들고 싸우고 하면 거의 통제나 행동 예측이 불가능한 것과 동일한 이치다.

또한 수천만 원으로 주식에 투자하는 개인들은 내가 산 주식을 다른 사람들도 좋게 보고 살 것이라고 오판한다. 인터넷 주식 시세를 몇 시간 자세히 들어다보면 몇 초 간격으로 엄청난 움직임이 일어난다는 것을 알 수 있다. 내가 산 종목이 진짜로 좋은 것이고 또한 많은 사람들이 그래서 산다면 그냥 꾸준히 올라야 한다. 그런데 그런 종목은 1,500개가 넘는 종목들 중에서 하루에 몇 개 정도 나올 뿐이다. 그것도 오늘은 올랐는데 내일은 쭉 빠지는 경우가 부지기수다. 내가 생각한 것과 동일한 방식과 이유로 내가 산 주식에 투자하는 사람이 거의 없다는 뜻이다. 돈이 남아서 사는 사람, 그냥 오를 것 같아서 사는 사람, 많이 빠져서 사는 사람, TV에서 좋다고 하니까 사는 사람, 저번에 물려서 오늘 또 산 사람 등등이다.

주식시장은 개인의 통제가 불가능하다. 투전판의 노름보다 적어도 몇백 배 아니 몇만 배 더 강한 움직임이 있는 주식시장을 예측하겠다는 생각은 거의 주식으로 잃겠다는 뜻이다.

주식은 그냥 순응하는 것이 가장 좋은 방법이다. 내가 산 주식이 오르면 적절하게 팔아서 수익을 내고, 내리면 또 그것에 맞추어서 대응하는 것이 최선의 방책이다.

절대로 주식시세를 예측하려고 하지 마라. 거의 맞지 않는다. 어쩌다 초보 때 몇 번 맞으면 신나서 또 '그 맛'을 보려고 하는 데 그 후에 는 그런 기회가 거의 오지 않는다.

그냥 사두고, 시장에 따라 움직여라.

그러면 주식으로 어떻게 돈을 버는가? 주식을 시작하면 3가지의 비 용 요소들을 피할 수 없다. 하나는 여윳돈으로 하더라도 내가 은행에 넣어두었다면 받을 수 있었던 이자다. 두 번째는 거래마다 정부에 내는 거래세, 세 번째로 증권회사에 내는 수수료다. 요즘은 인터넷 거래 덕 분에 수수료가 대폭 내렸지만 그래도 비용이다. 이자 기회비용, 거래 세, 수수료의 세 가지 비용이 먼저 나가게 된다. 이 비용을 생각하라.

그리고 상대 중에는 수조 원 이상씩을 가지고 투자하는 국내외 법인 들과 수백억 이상을 가지고 움직이는 대형 개인들이 있다. 그들과의 싸 움에서 이겨야 한다.

주식으로 돈을 버는 방법은 처음에는 짠 개미보다 더 짜게 아주 조 금씩(0.001퍼센트) 먹다가 서서히 올려서 은행이자보다 수익이 크게 나 오기 시작하면 조금씩 늘려가면서(액수와 노력) 자기 계좌를 키우는 것 이다. 피할 수 없는 거래세와 수수료를 최소화하면서 자신에게 가장 유 리한 상황이 실제로 일어났을 때 현명한 판단을 하면 벌 수 있다.

그 외는 지옥행이다.

15 인내忍耐

부자 되고 싶은 욕구

많은 부자들이 과거에 험난한 시절을 보내며 여러 가지 이유로 꼭 부자가 되겠다는 갈망을 가지게 되었다고 한다. 형편이 힘들어서, 처지가 서러워서, 울분이 치솟아서 부자 욕구를 가지게 된 것이다. 두 주먹을 불끈 쥐고 세상을 향해서 맨주먹질을 하던 그때의 심정이 그들을 불태웠고 부자로 만들어 줄 수 있었다. 이것은 과거에도 해당되었고, 요즘도 그렇고, 앞으로도 그럴 것이다. 우리나라나 전 세계나 마찬가지다. 내가 꼭 부자가 되고야 말겠다는 죽음의 각오 없이는 부자가 되기 힘들다.

중학교에 다니다가 양친이 세상을 떠나자 소년 가장이 되서 돈을 벌어야겠다고 학교를 떠날 때 흘렸던 눈물이 김 사장의 뼛속에 각인되어 있다. 박 사장은 아들이 급한 수술을 받아야 한다고 하기에 며칠씩 입원을 시켜놓다가 겨우 수술 날짜를 잡았다. 그런데 갑자기 수술이 연기되고 아들이 사경을 헤매게 되었다. 병원에 따져도 수술 날짜는 앞당겨지지 않았다. 나중에 알아보니 이 병원에 돈을 많이 후원해준 사람의 손자가 똑같은 병으로 수술을 한다고 새치기를 했다는 것이다. 억울했지만 연기된 수술 날짜는 어찌할 수가 없었다.

남들이 쉽게 먹는 아이스크림을 너무나 먹고 싶어서 부자가 됐다는 사람도 있고, 고등학교 때 결혼해서 자녀를 먹여 살려야 한다는 책임감 때문인 사람도 있고, 가진 것이 없어 무시당해서 부자가 되겠다고 맹세한 사람도 있다. 남의 건물에서 세 들어서 구멍가게를 하는데 장사가 잘 되니 갑자기 주인이 나가라고 했다. 알아보니 동네의 경쟁 구멍가게가 주인에게 보증금과 월세를 더 줄 터이니 세를 바꾸라고 하여서 그렇게 되었다는 사연도 있다. 부모에게 안경을 바꾸어 달라는 말을 할 수 없을 정도로 가난했던 어렸을 적 경험이 자신을 세상한파로 밀어붙여서 결국 부자가 되었다는 여자 사장도 있다. 이 사장은 월세방을 전전하다가 주인집 부엌에서 끓인 음식이 별미여서 이것으로 사업을 시작해 돈방석에 앉게 되었다.

옥수수빵을 먹으며 눈물을 삼키고, 전기가 끊긴 자취방에서 초를 켜놓고 공부하고, 재래시장 1평짜리 가게에서 시작하고 이사를 열일곱 번 다녀서 처음으로 내 집을 산 사람들은 어렸을 때 먹을 것이 없어서 남의 빵을 훔쳐 먹은 기억을 되살리며 악을 써서 자수성가 부자가 될 수 있었다.

인간을 움직이는 강한 동인(motivators)은 몇 가지가 있는데, 그중에서 가장 강한 것이 자신의 심장을 파내고 싶은 정도의 강력한 자극을 받은 데서 오는 욕구이다. 처절하리만큼 힘들고, 더러워서 눈물도 나오지 않을 정도의 설움이 인간의 정신과 육체를 단련시킨다.

'나도 의지가 강해'라고 자부하는 것으로 되는 것이 아니라, 시리고 시려서 더 이상 시릴 수도 없을 정도의 한맺힘을 '긍정적인 열정'으로 풀어내야 성공할 수 있다. 겉으로 파악되지 않는 내면의 욕구를 가만히 관찰해 보라.

인내심이 노벨상감

"집 잡혀서 돈 빼고, 친구 돈 빌려서 차린 음식점에 손님이 하루에 두세 명 오는 것을 6개월을 참으면서 무엇인가 새로운 방법이 없을까 고민하는 것이 쉬운 일이 아니었습니다. 아니, 그냥 그렇게 손님이 오지 않는 것을 참아내는 일 그 자체가 힘들었습니다."

부자 되는 가장 기본은 인내심이다. 자신의 가게에 손님이 오지 않으면 않을수록 버티고, 하루에 집세 깨지는 소리가 와그작 와그작 들려도 참아내면서 어떻게 하면 새롭게 변화할 수 있을까를 궁리하는 노벨상감 인내심이 필요하다.

"교수님, 리어카 끌고 대학교 앞에서 6개월 동안 버텨도 손님이 딱 두 명 뿐이었는데, 거기서 더 버티니까 되더라고요. 그 후에는 매일 수백 명씩 오면서 확 터지던데요."

이제는 유명해진 버거 업체의 대표님이 필자에게 한 말이다. 6개월 동안 딱 두 명의 손님이 왔었다는 말은 거짓말은 아닌 것 같다. 그 후에는 하루에 수백 명이 온다는 말도 거짓말이 아니다. 중요한 것은 그 분이 6개월 동안을 참아내었다는 것, 그것이다.

새로운 것을 시작하면 보통 세상이 몰라준다. 세상은 남의 일에 신경을 써줄 만큼 그렇게 한가한 사람들의 모임터가 아니다. 전부 자기 먹고살기에 바빠서 그것만 하기에도 정신이 없는 사람들의 집합체다.

그곳에서 자신이 생각한 일을 추진하려면 세상이 알 때까지 시간이 걸린다. 그 시간 동안에는 인내심으로 버텨야 하는데, 몇 가지 문제가 항상 따라다닌다. 비용이다. 임대를 하면 임대료를 내야 하고, 직원을 쓰면 월급을 줘야 하고, 내부 인테리어가 나쁘면 바꾸어야 하고, 홍보가 덜 되었다면 돈 들여서 전단이라도 뿌려야 한다. 어떻게 하든지 돈이 든다.

인내심이 무너지는 이유는 기다리는 동안 들어가는 돈 때문이다. 부자가 된 분들은 거의 모두 기다리는 동안 드는 비용을 자신이 감당한다.

"직원들 월급을 주지 않으면 다 도망가니까, 빚을 내서 다 주었지요. 저는 막상 1년 동안 집에 1원도 가져간 적이 없었습니다. 학교 선생이었던 부인이 아니었으면……. 지금 생각해도 아찔합니다. 버티니까 손님들이 알아주면서 사업이 번창했지요. 우리 집사람은 교사를 관두고 현재는 재무담당 상무입니다. 2대 주주이면서 말입니다."

10년 고생 끝에 무지갯빛 하늘을 본 부자가 필자에게 던진 말이다. 1년 동안 자신은 회사에서, 그것도 주식이 100퍼센트 자신의 것인 회사에서, 1원도 가져가지 않으면서 버틴 것이 그 분에게는 축적된 힘이 되었다.

　속옷 한 장으로 1년을 버티고, 원재료가 모자라면 중고품을 구해서 원재료를 스스로 만들어 가면서 또 버티고, 자동차가 없으면 버스 타고 납품을 하면서 또 버티고, 창고가 모자라면 집을 창고로 바꾸면서 버티는 사람만이 성공한다.

16

초심初心

처음처럼, 부자처럼

처음에 부자가 되려고 결심을 할 때는 모든 것이 다 잘될 것 같다. 성공 확률 99퍼센트다. 그런데 3개월 동안 결과가 안 보이면 확률이 50퍼센트로 떨어지고, 1년이 넘으면 포기하고, 그리고 3년이 넘으면 거의 대부분이 떨어져나간다.

필자는 부자 성공 확률이 얼마나 될까 하고 면밀하게 오랫동안 새로 부자가 되겠다는 분들을 참여관찰(participant observation)해 보았는데, 실제로 확률은 1퍼센트가 안 되었다. 그중 과거에 부자였던 분들의 도움을 받아서 부자가 되는 분들이 꽤 있는 것을 생각하면, 자신의 손으로 시작해서 부자가 되는 분들은 100명 중에 1명이 채 안 되는 것 같았다.

나머지들은 벽에 부닥치면 바로 무너진다. 그때 필요한 것이 '처음처럼'이다. 처음에 생각했던 것처럼, 그런 각오로 하면 된다.

주식을 새로 시작하는 분들은 거의 대부분 재미를 본다. 사면 오르고, 또 사면 또 오른다. 그래서 통장의 돈을 깨어 넣기 시작하면 금이 간다. 금이 가는지를 모르고 있으면 금세 금은 커진다. 반 토막은 보통이고, 3분의 1로 추락하면 다른 주식도 팔아 버린다. 그리고 또 일어나겠다고 없는 돈을 긁어 모아서 하고 또 실패한다. 처음 시작했던 정신을 잃어버린 것이다.

처음처럼 초지일관하여서 끝까지 지독하고 또 지독하게 할 때 열매를 맺는다. 특허를 내서 월급의 다섯 배 이상이 통장에 차곡차곡 들어오는 어느 국립대 의과대학 교수의 말이 기억난다.

"명문 국립대의 의과대학 교수라는 허울에 가족들은 힘들어했습니다. 내가 할 수 있는 일은 기초의학 분야의 새로운 것을 찾아내는 것이라고 생각하고 하고 또 했습니다. 하다가 안 되면 처음의 마음으로 돌아가서 처음처럼. 또 안 되면 또 처음처럼. 이렇게 해서 결국은 특허가 되었지요."

이것이 진실이다. 처음처럼 해라. 그리고 이왕 할 것이면 부자처럼 해라.

부자 중에는 자기의 집 5채를 전부 전월세 놓고, 자신은 전세 사는 사람도 있다. 혹시 여러분이 아직 부자가 안 되서 전세를 산다면, 나도 부자처럼 전세를 산다고 위안하면 된다. 혹시 20년 된 바지를 아직도 입고 있다면 나도 방배동의 김씨 부자처럼 산다고 생각하면 된다.

지금이 가장 늦었다

"오늘이 무슨 날인지 아십니까, 여러분?"

어느 부자가 많은 분들의 앞에서 강의하면서 갑자기 던진 질문이다. 답이 나오지 않자, 이어지는 부자의 말.

"맞히면 만 원을 드리겠습니다."

그러자 손이 여기저기에서 올라가기 시작했다. 그런데 그 분이 던진 질문의 정답은 나오지 않았다.

"오늘은 내 생애에 가장 젊은 날입니다. 저기 비슷하게 맞히신 분에게 만 원을 드리겠습니다."

그날 참석했던 여기자가 돈을 받았다.

'오늘은 우리 생애에 가장 젊은 날.' 필자는 이 부자가 이 말을 하는 것을 두 번 들었다. 모두 필자가 준비한 부자 강의에서 한 말이다.

오늘이 가장 젊은 날이라는 말은 지금이 가장 늦은 시간이라는 말이다. 과거는 전부 지나갔고, 이제라도 악을 쓰고 수행해야 할 시간이라는 뜻이다.

미국 부자들은 대부분 40대 후반에 부자가 되었다고 한다. 20대에 꿈을 꾸고 30대에 추진하면 40대 후반에 된다는 것이다. 중요한 것은 이것이 단지 평균이라는 것이다.

필자는 50이 훨씬 넘어 시작해 부를 이룬 분들을 여럿 알고 있다. 명문대를 나와 번듯한 재벌 그룹에서 전무까지 하다가 사장에게 술잔을 잘못 따라서 옷을 벗은 분이다. 어처구니없게 잘렸다고 생각하니 인생이 허무했으나, 과거를 싹 잊고 편의점을 시작했다. 아들딸 또래가 와도 굽실거리고, 과거에 밑에 있던 직원이 와서 놀란 표정을 지어도 묵직하게 밀고 나갔다. 밤에는 자신이 하고 낮에는 와이프가 하다가 창피하다고 안 나오기라도 하면 조카딸과 아르바이트생을 써가면서 시간을 메웠다. 이런 노력들이 효력이 있었는지 편의점 하나를 더 내게 되었다. 와이프를 윽박질러서 낮 영업을 맡기고 밤에는 가까운 사람에게서 추천받은 믿을 만한 남자 아르바이트생을 쓰면서 꾸려나갔다. 편의점이 7개가 되자, 자신이 브랜드를 만들어서 새로 시작했다. 이제는 가맹점을 포함해서 30개 점포를 가진 어엿한 대표가 되었다. 자신보다 잘 나가던 직장 동료들이 옷 벗었을 때 자신은 꼬마 편의점 그룹의 대표라는 무한한 자부심을 누리기 시작했다.

나이는 중요한 것이 아니다. 지금이라도 할 수 있다고 마음을 먹고 끝까지 해내는 것, 그것이 부자의 길이다.

많은 분들이 부자가 못 되는 이유를 주위에서 찾는다. 가진 돈이 없어서, 늙어서, 나를 도와주는 사람이 없어서라는 핑계를 대면서 말이다. 미국의 유명한 심리학 이론에 귀인 이론(Attribution Theory)이라는 것이 있다. 성공한 사람들은 실패를 하면 원인이 자신에게 있다고 생각하는 데 반해, 실패한 사람들은 실패 원인을 외부 환경으로 돌린다고 한다. 성공할 가능성이 높은 사람은 '이번에 내가 실패한 것은 내가 배팅을 하지 않아서이다. 다음에 때가 오면 모든 것을 쏟아붓겠다'고 생각한다. '내가 잘못 생각했다. 다시는 안 그러겠다'는 것이 긍정적인 성공 마인드이다.

반면에 실패한 사람은 자신의 탓은 하지 않고, 남의 탓 혹은 주위의 탓만 한다. '저 친구는 집이 부자라서 확 밀어주니까 되었고, 나는 가진 것이 없는 집안에 태어나는 바람에 요모양 요꼴이다.'

부자 되기는 99퍼센트 자신의 문제다. 필자는 오랫동안 부자학을 연구하면서 부자가 되는 것은 물질의 문제가 아니라 정신의 문제라는 것을 발견했다. 어떤 생각을 가지고 어떻게 수행하느냐가 부자가 되는 여부를 결정하는 것이지, 타인이나 환경의 문제는 별로 큰 영향을 주지 않는다.

주식에 실패한 경우에도 "장이 급속히 나빠져서, 하루에 코스피가 150이나 빠지는 바람에 내가 망했다"고 말하면 곤란하다. 그런 일은 1년에 1번 정도 온다. 며칠 있으면 또 올라간다. 부동산 투자 실패에 정부 규제가 강해서라고 결론 내리는 것도 문제다. 부동산에 정부의 입김이 강하다는 것을 등한시한 것이 일단 문제이고, 또한 그렇게 되었더라도 이제라도 다른 방도를 찾아서 하면 된다. 미국의 유명한 부동산 재벌인 트럼프도 부동산으로 태산을 이루었다가, 거의 완전히 망했다. 그리고 오뚝이처럼 또 일어서기도 했다.

부자가 못 되는 것은 자신의 문제라는 것을 인지하면서 이제라도 다시 시작하라. 필자는 예순이 넘어서 부자의 산행길에 오르는 분들을 지원했다. 물론 금전을 지원하는 경우는 없었으나, 될 수 있다는 확신을 항상 불어넣어 주었다. 예순이 아니라 일흔에도 새로 시작할 수 있다.

지금이 가장 늦은 때다. 늦었으니, 이제라도 빨리 시작하라.

17

생략省略

목표와 관계없는 것은 모두 버려라

"저는 회사, 집, 교회가 생활의 전부입니다."

아주 단순해 보이지만 이런 생활 자체가 부자가 되는 길로 가는 것이다.

생략하라. 모든 것을 생략하라. 당신은 이 세상의 모든 것을 할 수 없다. 본인이 정한 목표 달성에 필요한 것 같지 않으면 바로 줄여라. 없어도 문제가 안 생긴다.

많은 사람들이 이것도 중요한 것 같고 저것도 중요한 것 같아서 못 버리고 그냥 끼고 간다. 그러나 실제로 이루는 것은 별로 없다.

부자가 되는 길을 택한 사람들은 자신의 앞 길에 중요하지 않은 것은 전부 생략했다.

"교수님, 저희 회사는 사옥이 없습니다."

"창업하신 지 오래 되었습니까?"

"아, 예. 20년이 넘었습니다."

"회사 사옥을 매입하시지 않은 이유가 있습니까?"

"업종 특성상 자주 변화가 옵니다. 교수님도 자주 그렇게 말씀하시지 않습니까. 매일 변화하라고."

"아, 예. 맞습니다. 저도 그렇게 이야기합니다."

"저희가 매일 변화하려면 움직이기가 쉬워야 할 것 같았습니다. 시장이 언제 어떻게 변할지 모르니까요. 그래서 그냥 남의 빌딩에 세들어 살다가 새로운 사업에 접어들면 바로 그 사업에 적합한 곳으로 이사 가면 됩니다. 빌딩 관리 신경 쓸 총무팀 직원도 필요하지 않고요."

필요 없다고 판단하면 회사 소유 빌딩이 없어도 된다.

"왜 가족과 떨어져서 사십니까?"

"그냥 불편해서요. 주말에만 만나도 충분하잖아요."

원래 서울의 중산층들이 사는 지역의 단독주택에 살다가, 땅이 싸고 공기 좋은 춘천으로 가족들을 데리고 이사를 간 부자의 이야기다. 자녀들도 비교적 넓은 집에서 살면서 좋아했다. 그러다가 새로 구상한 사업들을 시작하려는데 시간이 많이 필요해서 구로에 사무실을 내고 업무를 시작했다. 자신은 주중에 방 한 칸짜리 월세방을 얻어서 지내다가 토요일 밤에 집에 가서 자녀들과 일주일에 한 번씩 만난다는 것이다.

"시간이 절약됩니다. 하루 종일 생각해도 일이 안 되는데 가족이 있으면 번거롭기도 해서……."

일을 하는 데 가족과의 대화 시간도 아깝다고 생각한 분은 가족과 별거를 추진했다. 그 결과, 그는 자신의 꿈을 상당히 많이 이룰 수 있었다.

많은 사람들이 일을 하는 데 이것도 필요하고, 저것도 중요하고, 온갖 것이 다 있어야 할 것이라고 생각한다. 하지만 일단 필요하다고 생각하던 것을 전부 생략해 보라. 아무것이나 그냥 시작해 보라. 무리 없이 일이 되면 다른 것들은 필요하지 않은 것이다. 만약 일이 안 되면 하나씩 추가해 보라. 일이 되면 그것만 필요한 것이다. 사무실이 없어도 되고, 가족이 곁에 없어도 될 수 있다.

보통 많은 사람들이 성공하려면 인맥이 중요하다고 한다. 그런 사업도 있고, 그렇지 않은 사업도 있다. 평생 친구 없이도 행복하게 사는 사람이 있다.

"저는 친한 친구가 평생 다섯입니다. 그 다섯도 다 다르게 사귀었습니다. 동네, 초등학교, 중학교에서 한 명씩, 사회생활 하면서 두 명. 그런데 그들과는 진짜 형제처럼 친하게 지냅니다. 매년 휴가를 8월 셋째 주에 가는데 저희까지 여섯 쌍이 갑니다. 물론 제가 주도한 것이어서 경비의 상당수를 제가 냅니다. 그들끼리는 원래는 모르는 사이였는데 저 때문에 이제는 절친들이 되었습니다. 돌려가면서 생일 모임할 때는 부르는 쪽이 내고, 일 년에 공통 휴가 가는 것은 제가 경비의 대부분을 내기로 했습니다. 그들이 저와 같이 시간을 보내는 것에 대한 보답일 뿐입니다."

아주 넓은 인맥이 있어야 성공한다고 믿는 업종에 종사하는 사장님의 이야기다. 그는 자신의 아이템이 통할 것이라고 믿고 인맥 없이도 그냥 밀어붙여서 성공을 거두었다.

생략하라. 하루에 식사 시간을 총 10분 이내로 줄여도 건강할 수 있다. 한 끼당 3분이내로, 1분은 여유로 가지면 된다.

학력을 생략해도 된다. 내가 아는 수천 명의 부자들은 대부분 학력을 생략했다. 내가 미국에서 박사 학위를 받아온 사람이라 처음에는 불편해하는 것 같았으나, 내 생각을 말해주면 편하게 이야기한다.

"저는 초등학교 4학년 중퇴입니다."

"제가 대학을 붙었다가 안 다녔습니다."

가족 생략, 시간 생략, 업무 생략, 학력 생략. 그래도 일이 되면 되는 것이다.

부자학연구학회(www.kaas1.org)에는 교수, 부자, 기업인, 종교인, 일반인, 학생 등 다양한 계층의 사람이 있다. 필자도 처음에는 부자학연구학회니까 그래도 번듯하게 시작하고 싶어 내 돈으로 유명 호텔에서 발기인 대회, 창립총회를 했다. 그랬더니 불편해하는 분들이 계셔서 그 이후부터는 이른바 '부티' 생략에 들어갔다. 그 후에 부자학연구학회는 소규모 학회 관련 행사를 제외하고 대형 공식 행사를 호텔에서 한 적이 없다. 대형 행사들을 그냥 허름한 행사장에서 해도 아무런 문제가 없다. 학회는 몇 년 지나서 수십 배 커졌다. 장소 생략도 가능하다는 이야기다.

버려라

가치 있는 것을 찾으면 저절로 사람들이 몰려들어 부가 쉽게 형성되는 법이다. 가치가 있다는 것은 '필요로 하는 사람은 돈을 내고 살 생각이 나게 하는 것'을 의미한다.

이 세상에서 새로운 가치란 남들이 하지 않은 것, 현재 이루어지고 있는 것과는 다른 것, 사람들이 마음과 몸으로 필요를 느끼는 것들이다.

이러한 것을 찾거나 만들려면 과감하게 버릴 줄 알아야 한다.

벤처사업을 하겠다고 후배들과 잘 다니던 회사를 뛰쳐나와서 새로운 것을 찾아헤매는 사장과 둘이서 아파트 공원에서 술잔을 오랫동안 기울인 적이 있다. "왜 나왔습니까?"라는 필자의 질문에 "교수님이 책에 쓰셨던데요. 남의 일을 하면 부자가 안 된다고. 그래서 내가 하고 싶은 일을 하려고 나왔습니다"라고 대답했다.

"그럼 나와서 무슨 일을 하셨나요?"

"제가 알고 있던 것들 중에서 대부분을 버렸습니다. 다 버리고, 새로운 것을 찾았습니다. 처음에는 너무 힘들던데, 지금은 아주 잘했다는 생각이 듭니다. 경쟁자가 없는 새로운 길을 제가 스스로 개척해 가니까 부자가 된 것을 실감합니다."

이것이 정답이다. 버릴 줄 알면 부자가 될 수 있다. 초등학교 때부터 하던 버릇을 그냥 두고 회사 입사 후에 한 것만 정리하는 것은 그다지 대단한 일이 아니다.

버리려면 초등학교 때의 일을 포함해서 어제까지 한 일들의 90퍼센트를 과감히, 아주 과감히 버려도 신상에는 거의 문제가 생기지 않는다.

약간은 부끄러운 일이지만 필자가 경험한 것을 털어놓는다.

미국에서 신용카드를 발급받아서 쓰다가 한국에 와서 거래를 중지하자 미국 신용카드 회사에서 아주 좋은 조건을 제시하며 계속 사용하라고 권한 적이 있었다. 그래도 신용카드 없이 살다가 몇몇 아는 금융기관들의 강권으로 할 수 없이 신용카드를 서너 개 발급받았다. 현재는 모두 없애고 딱 두 개만 남았다.

어느 일간지의 여기자와 인터뷰를 하면서 부자들은 신용카드를 쓰지 않는다는 습성을 설명하고는 내가 계산을 하는데 신용카드를 꺼냈다. 여기자가 "교수님 말씀과는 다르네요" 하여서 "저는 부자학 교수입니다. 제가 부자인지 아닌지는 우리 학생들이 말하지 말라고 해서 안 했습니다. 제가 부자일까요. 아닐까요?" 하며 웃음으로 얼버무렸다.

그날 오후에 나도 신용카드를 쓰지 말아야겠다는 생각이 들었다. 두 개의 신용카드가 거래 은행의 것이어서 없애기는 뭣하고 그래서 한 개는 대여금고에 넣었고(급할 때는 요긴할 것이다), 나머지 한 개는 식구에게 주었다. 그 후 상당히 오랜 기간이 흘렀는데 거의 불편함이 없다. 필요하면 식구의 것을 빌리면 되고, 더욱 더 필요한 일이 생기면 대여금고에서 꺼내면 된다.

신용카드 없어도 거의 생활에 불편한 것이 없다. 또한 신용카드 공제도 없어져서 연말정산에 도움도 안 되는 상태인데, 구태어 써야 하는 이유를 모르겠다. 과감히 버리고 버리면 부자의 길이 비교적 쉽게 보일 것이다.

버릴 것은 얼마든지 있다. 책이 없으면 그냥 도서관에서 빌려 보면 되고, 휴대전화 없으면 이메일로 하면 된다. 별 불편함이 없다. 중요하다고 생각하는 것들을 다 버려도 아무 문제가 없다는 것을 알기 시작하면 버리는 것의 고마움을 느낄 수 있을 것이다.

"교수님, 저는 죄송한 말이지만 사람도 거의 만나지 않습니다."

'사람도 버리나' 하는 의구심이 들어서 꼼꼼히 쳐다보는 필자에게 "다른 뜻은 아니고, 제가 주도권을 잡고 일을 할 때 따라올 사람만 만납니다. 부자는 제가 하고 싶은 일의 결과이므로, 나를 보고 따라오라고 하는 사람들을 안 만난다는 것입니다."

자신이 주도권을 잡고서 일을 하면 된다.

10년 전 사진도, 5년 전 눈물의 펀드 통장도, 3년 전 헤어진 친구가 보낸 문자가 들어있는 휴대전화도, 1년 전에 써먹었던 방법도, 3개월 전에 생각하였던 아이디어도, 어제 남긴 소주도 버려라.

18

부채 負債

_ 빛 활용하기

부자는 남의 돈으로 돈을 버는 사람이다. 내가 아는 부자들 거의 대부분은 자신의 돈으로 돈을 벌지 않았다. 물론 그중 일부는 초기에 어렵게 사업 자금을 만들어서 시작한 경우도 있다. 그러나 대부분은 돈으로 돈을 번 것이 아니라, 자신의 생각을 상품화해서 돈을 벌었다.

사업의 꿈을 크게 가지고, 남들에게 될 수 있다는 환상을 심어주면 남의 돈이 얼마든지 들어온다. 많은 분들이 사업에 실패하는 이유는 타인들에게 될 수 있다는 확신을 심어주지 못하기 때문이다.

최근에 스마트폰이 붐을 일으켜 어플리케이션으로 새로운 시장이 형성되자 몇몇 사람들이 뛰어들어 대단한 성과를 거두었다. 그들 중 상당수는 남들의 돈을 끌어들여(사업 투자) 돈을 더 키워가고 있다.

부자가 되고 싶으면 자신에게 돈을 빌려줄 사람들을 늘려가고, 자신이 빌릴 수 있는 돈의 크기를 키워라.

처음에는 어느 정도 부동산이나 예금 담보가 필요하다. 보통 집을 담보로 자금을 마련해 시작하는 경우가 있고, 조금 더 치밀한 사람은 예금을 담보로 돈을 빌려서 사업을 한다. 부동산 담보보다는 예금 담보가 안전하다. 예금이 없고, 부동산만 있는 경우에도 부동산과 예금 담보를 동시에 활용하면 된다.

일단 부동산을 담보로 돈을 빌리고, 이것으로 적금을 들어라. 일 년짜리 적금을 들고, 그것을 담보로 약 90퍼센트 정도 금액을 다시 빌리면 된다. 예를 들어서, 5,000만 원을 일 년짜리 적금에 들고 적금 이자가 일 년에 300만 원이라고 하면 4,000만 원 정도 빌린다. 그러면 4,000만 원의 일 년 이자가 거의 300만 원쯤 될 것이다. 그러면 결국 4,000만 원을 안전한 예금 담보로 빌린 형태가 된다. 중간에 돈이 들어오면 조금씩 갚으면 된다.

담보를 제공하고 돈을 빌려서 사업을 하며 현금 흐름을 늘려야 한다. 처음에는 하루에 만 원 들어오는 것이 중요하다. 그리고 일주일 후에는 하루에 10만 원, 한달 후에는 하루에 50만 원씩 늘려가는 것이 중요하다.

그리고 우리나라에서 사업하시는 분들 중에서 세금을 안 내려고 매출 축소를 하는 경우가 있는데 그것보다 세금을 다 내면서 매출 신고를 다 하는 것이 훨씬 더 좋다. 매출 흐름이 좋으면 금융기관들이 너나 할 것 없이 돈을 빌려 주려고 한다.

현금 흐름을 계속해서 늘리려면 일을 계속 늘려가야 한다. 원가는 매출액이 늘어나면 날수록 떨어진다. 물론 나중에 재고 부담이 강하게 돌아올 수는 있다. 그때 재고 처리 방법을 현명하게 개발하면 된다.

그리고 나서 다각화를 지속적으로 하면 원가는 거의 절반 이하에서 상당히 떨어진다. 현금 흐름을 계속 늘려 금융기관에서 자금을 대출해 사업 규모를 키우면 은행 이자를 받은 것보다 훨씬 더 빠르게 성장할 수 있다.

남의 돈으로 부자 되는 것이 가장 현명한 방법이다. 부자들의 취중 속담에 빈자는 자기 돈으로 하고, 부자는 남의 돈으로 부를 늘린다는 이야기가 있다.

19

행운幸運

로또를 안 하는 것이 부자 되는 길

200억 이상의 복권에 당첨된 재미교포 여성은 8년 만에 재산을 탕진하고 파산 선고를 받았다. 미국의 어느 지역에서는 복권에 당첨된 남성이 얼마 후에 변사체로 발견되었는데 유력한 용의자로 친밀한 관계였던 여성이 지목되었다.

로또 구매는 '고속부자'를 꿈꾸는 사람들이 택하는 길이다. 남들이 10년 아니 그보다 훨씬 더 오랜 기간 일해도 얻을까 말까 한 것을 하루 아침에 가지겠다는 흑심에서 나오는 행동이다.

로또에 당첨된 사람들은 일단 90퍼센트 이상 마음이 변한다. '어제와 다른 나'라는 생각이 그들의 머리를 지배한다. 박봉에도 매일 나가던 회사를 나갈 필요가 없어지고, 매일 외워야 하는 공식이 기다리는 학교도 관두고, 몇 번씩 요청해도 거들떠도 안 보던 사람들을 움직여 보고 싶어진다.

로또에 당첨된 어느 분이 갑자기 대한민국 최고의 거액 아파트를 구입하려고 나섰다. 부동산에 가서 한 채 사겠다고 호기롭게 말하자, 중개인은 술이 덜 깬 아저씨인가 하고 거들떠도 안 보았다.

"진짜로 산다니까요. 그것도 100퍼센트 현찰로요."

믿기지 않는 말에 의심의 눈초리를 던지던 중개인은 너무나 강한 어조에 다시 한 번 물어 보았다.

"정말입니까?"

"아, 정말이라니까요. 통장을 보여드릴까요?"

중개인은 잘 아는 몇 사람에게 전화를 돌리더니 "아무도 팔 생각이 없다고 합니다. 그런데 어느 사장님이 시가보다 1.5배를 주면 팔겠다는데요"라는 답을 던졌다.

"비싸도 상관없습니다. 여기에 들어올 수만 있다면."

거래는 성사되었고, 시가보다 1.5배가 넘게, 그것도 계약금과 중도금 없이 한 번에 완불하였다. 집을 비워준 진짜 부자는 "얼마 못 가서 다시 나오겠네"라며 조용히 중얼거렸다.

실제로 2년 후에 그 집은 경매에 넘어갔다. 온갖 대출에 걸린 원리금을 미납했고, 마지막 결정타는 고작 신용카드 할부금 200만 원 정도를 미납한 것이었다. 로또 부자는 과거보다 더 심한 빈털터리가 되었다.

노력 없이 행운에 기대지 마라. 도가 넘는 행운은 사람을 오히려 불행하게 만든다.

20 행복 幸福

재물과 행복은 곡선관계

재물은 소유의 문제이고, 행복은 경험의 문제다. 양자는 거의 관계가 없다. 전 세계적으로 부자 국가의 행복 지수는 상당히 낮은데 가난한 국가의 행복 지수는 상당히 높다.

만고불변의 진리일 것 같은데, 그런데도 부자가 되려는 목적이 행복에 있다고 착각을 하는 사람이 아직도 너무나 많다.

"교수님. 여기는 정신 나간 아줌마들뿐이에요. 매일 수천만 원짜리 고급 식기들을 샀다가 얼마 지나지도 않아 또 삽니다. 얼마 전에 산 것을 다 버리고요."

대한민국에서 제일 비싼 주상복합 아파트에 사는 어느 여성분의 말이다.

좋은 물건을 가지면 행복한 것 같다고 생각하는 사람들 덕택에 유명 수입품 매장과 고급 의상실이 장사가 되는 것이다. 그런데 실제로는 3억 원짜리 티아라와 5,000만 원짜리 모피코트가 심적 만족에 방해가 되는 경우가 대부분이다. 그런 명품을 들고 나오려면 후줄근한 봉투에 담아서 백화점 뒤로 나와야 하기 때문이다. 남들의 눈에 뜨이면 욕을 먹을까 봐 숨어서 사는 사람이 쇼핑으로 행복을 찾는다는 것은 어불성설이다.

"저는 평생 신용카드를 가지고 다니지 않았습니다. 비싼 물건을 사고 싶은 욕심을 가지지 않기 위해서입니다. 필요하면 적절한 것을 내 돈으로 사면 됩니다."

어느 부자의 말에 필자는 고개를 끄덕인 적이 있다.

고급 브랜드는 숨기는 대상이지, 행복의 대상이 아니다.

한 끼에 1인당 48만 원짜리 일식을 먹는다고 췌장암을 피할 수 있는 것은 아니다. 300만 원짜리 양주를 마신다고 자신의 기분이 더 상쾌해지지는 않는다. 100억 원짜리 자동차는 구경만으로도 사람을 불안하게 한다.

행복한 경험을 많이 만들어라. 그것이 오래 그리고 평안히 이 세상을 사는 부자 비결이다.

부자 10훈

이 땅에 인간이 나타난 이후 어느 시대에나 존재해온 부자는 전체 인구의 5퍼센트를 넘은 적이 없다. 부자가 될 수 없다고 자포자기하고, 부자가 되기 위한 핵심인 절약을 포기하고, 머리 아프게 고민하는 창의성을 망각하고, 뼈가 녹아내리도록 노력하지 않는 것이 보통 사람들이다.

부자는 누구나 될 수 있다. 그런데 왜 나는 안 되고, 내 주변에도 별로 없는가? 부자가 되는 가장 간단한 조언이 여기 있다.

첫째, 전날 술을 많이 마셨거나 12시 넘어서 이불에 들었어도, 반드시 새벽 4시에 일어나서 '나는 존경받는 부자가 된다'를 속으로 열 번 외치고, 자신이 선택한 종교의 경전을 읽고 그리고 새벽 5시에 집을 나서고, 근처의 번듯한 아파트들을 지나며 자신을 다스려라. 유가가 100달러로 치솟는 이때에 자동차는 생일날만 타고, 지하철과 버스정류장까지 걸어서 가라.

둘째, 비용성 비용에는 천 원도 쓰지 않고, 수익성 비용에는 아끼지 않고 하루를 살면 된다. 쓸데없이 남 욕하는 대화에는 참여하지 말고, 무가지 신문을 읽다가 모르는 것이 나오면 바로 그냥 세 번 읽고 외워버리고, 걸어가면서 나는 더 새로운 것을 할 수 있다고 자신감을 불어넣으면서 찾는다.

셋째, 식사를 3분 이상하면 부자가 못 된다. 시래기국에 밥을 훌훌 말아 마시면서 "부자 영양탕 맛이 좋네" 하고 일어나 다음 일을 찾는 행동이 부자DNA 속에 있다.

넷째, 전 세계적으로 보면 맞벌이 부부가 홑벌이 부부보다 열 배 이상 부자가 빨리 된다. 미모와 키를 고려하지 말고 부자가 될 배우자를 고르라. 부자는 남의 일을 하는 것이 아니니, 배우자와 함께 내 일을 찾아서 그것만 하면 부자가 된다.

다섯째, 우리나라 가구당 평균 재산은 2억 7,000만 원 정도다. 자녀 한 명 낳아서 대학 졸업시키는 데에 2억 6,000만 원이 든다고 한다. 아이를 안고 싶으면 조카들이나 실컷 안아보라. 되도록 아이는 늦게 낳고, 늦게 낳은 아이가 혹시 공부를 못하면 하늘이 부자 될 절호의 기회를 주었다고 생각하라. 전 세계적으로 부자 되는 것과 공부 잘하는 것은 상관관계가 별로 없다. 실제 부자들의 평균 학력은 상당히 낮다. 학원비를 아끼고 직접 가르쳐라. 그래도 안 되면 벤처 창업을 권한다.

여섯째, 집은 돈 먹는 하마이다. 결혼한 형제 전원이 재개발 지역의 허름한 2층짜리 연립주택을 사서 모여 살고, 각자의 아파트는 전부 반전세를 놓거나 전세를 뽑아서 부자 펀드 들고, 월세 받아서 창조적인 장사를 시작해라.

일곱째, 주 5일 근무제는 스스로 포기하고 토요일은 종일 초과 근무하라. 토요일 밤 11시에 미래에는 부자라는 마음으로 현관문을 열면서 들어서라.

여덟째, 종교를 믿으면 전지전능한 교주께서 당신의 마음에 부자 될 잠재력을 얼마든지, 언제든지 제공한다. 사교만 아니면 대한민국의 어떠한 종교라도 믿는 것이 좋다.

아홉째, 내가 부자가 되려면 누군가의 돈을 받아야 한다. 결국은 남들이 나를 부자로 만들어주는 것이다. 그들이 원하는 것을 항상 찾아라. 부자 된다는데 자존심쯤 버려도 된다.

열째, 60세가 되기 전에 손에 딱 한 장이 잡히면, 가족에게 정확한 액수는 가르쳐 주지 마라. 모르면 괜찮은데 알면 탐내면서 싸운다. 나를 부자로 이끌어준 이 땅에 감사하는 의미에서 익명으로 기부를 하라. 익명으로 하면 받는 사람이 누가 주었는지를 몰라서 대한민국의 모든 사람에게 고마움을 느낀다. 쓸데없이 세금공제 받겠다는 얄팍한 생각을 버리고, 대한민국 모든 이에게 감사하는 마음을 심어줄 익명 기부를 하라.

88만원세대 절대로 좌절하지 마라. 항상 사람은 자신이
살고 있는 시대가 가장 어려운 법이다. 이 시대에 그대들
의 세대라도 부자가 되는 기본 규칙은 반드시 존재한다.

88만원 세대를 위한 부자강의

01

부자를 추구하지 말고 목표를 추구하라

부자가 되겠다는 것이 인생의 목표가 될 수 없다. 내가 가진 목표를 달성하는 데는 정신적인 창조성, 물질적인 풍요성, 사회적인 지원이 필요할 뿐이다.

일부 사람들은 부자가 되겠다는 것을 최종 목표(End Goal)로 삼는 경향이 있다. 이것은 지극히 잘못된 일이다. 미국의 유명한 부호는 "부자로 죽는다는 것은 부끄러운 일이다"라고 세상을 떠나는 마지막 말을 남겼다.

지금이라도 인생의 목표를 명확하게 정의해야 한다. 시간이 얼마가 걸리든지 그것이 왜 나의 목표가 되어야 하는지를 구체적으로 생각하고 실제로 적어 보라. 성공한 사람들이 생각했던 인생의 구체적인 목표는 다음과 같은 것들이었다.

_ 내 손으로 백 권의 책을 써서 세상 사람들에게 읽히고 싶다

이 목표를 세운 분은 많은 책을 쓰기 위해서 경험의 축적을 해야했고, 많은 사색이 필요했다. 그런데 목구멍이 포도청인지라 기본적인 생활을 위한 방안도 강구해야 했다. 그래서 생각한 것이 한 달에 딱 한 종류의 주식을 사자는 것이었다. 그 대신 그 주식에 대해서는 프로 중의 프로가 되자고 결심했다. 모든 자료들을 취합하고, 자신이 투자하려는 회사의 홍보실에 전화도 해보고 직접 방문도 하며 회사를 살펴보았다. 수많은 주식 전문가들에게도 전화를 하고 이야기를 들었다. 그러고 나서 가진 돈들을 정리해서 한 달에 한 종류씩 주식을 사모았다. 그리고 자신이 생각했던 수익률(연간 20퍼센트)을 넘으면 바로 처분했다. 남는 시간은 자신이 쓰고 싶은 책을 쓰는 데 사용했다. 아직 백 권은 채우지 못했지만 앞으로 남은 인생에서 충분히 도달 가능한 목표라고 자평하고 있다. 주식 투자 수익율이 꽤 되고, 책의 인세가 충분하기 때문에 자신은 부자라고 믿고 있다.

_ 내 딸에게 진짜 맛있는 음식을 먹이고 싶다

중학교를 졸업하고 남의 식당에서 일하다가 어쩌다 생각지도 않게 딸의 엄마가 된 분이 있다. 남편이라고 생각해 본 적도 없는 사람이지만 그 사람이 떠나가자 어린 딸에 대한 애정이 북돋아 올랐다. 내 처지에 어떻게 딸에게 좋은 것을 먹일 수 있을지 생각했다. 전부 스스로 만들어서 먹이는 수밖에 없다고 판단했다. 식당에서 하루 종일 일하고 번 돈을 모아서 딸만을 위한 음식들을 만들기 시작했다. 식당에서 해보고 집에서 또 해보았다. 딸이 맛이 없다고 하면 그 음식은 포기하고, 딸이 맛있어하면 또다시 시도했다. 이렇게 개발한 요리가 수십 개가 넘기에 음식점을 열었더니 대박이 났다. 하나뿐인 딸을 정성껏 키우려고 만든 음식이 부자의 길로 인도한 것이다.

__ 교회에 십이조를 내고 싶다

어느 부인은 자신이 다니는 교회에 매월 수입의 십이조를 내는 것을 인생의 목표로 세웠다. 독실한 기독교 집안에서 자라나서 한때는 목사와 결혼하겠다는 생각도 하였으나, 평범한 남성과 결혼하게 되었다. 결혼하기 전 어려운 집안 형편에서도 자신의 용돈 중 십일조를 꼬박 냈고 결혼 직전에 회사에 다니면서 십일조를 조금 넘게 내기 시작했다.

그분의 꿈은 낼 수 있는 여력이 있는 한 더 내겠다고 스스로 설정한 십이조였다. 그래서 남편의 수입을 아끼고 아끼는 생활을 했고 본인도 금융업 세일즈우먼으로 직업을 잡았다. 남편의 수입은 100퍼센트 자신이 관리를 하고(결혼하기 전 이미 약속을 받아 놓았다) 전체 수입에서 십이조를 내고 나머지를 몽땅 예금했다.

어떤 때는 너무 힘들었으나 자신의 꿈을 지키는 것에 보람을 느꼈다. 가끔 친정에 빈손으로 가서 냉장고에 들어 있는 것들을 다 꺼내 먹고 수박을 한 통 꺼내서 집에 가져 오기도 했다. 독실한 권사님인 친정엄마에게도 지독하다는 말을 들으며 생활비를 아끼고 아꼈다.

그런데 정작 자신의 수입은 이해하기 힘들 정도로 늘었다. 월수입이 몇천에서 심지어는 1억을 넘나드는 순간에 마음을 다잡았다. 1억의 20퍼센트인 2,000만 원을 꼬박 냈고, 어떤 때는 월수입이 적은데도 미리 떼어서 '이 달에 많이 벌면 되겠지' 하는 마음에 3,000만 원을 먼저 냈다. 월수입이 1억 5,000만 원에 도달하지 않더라도 3,000만 원을 지켰다.

그녀는 알토란 같은 현금 통장들이 수십 개가 넘는 엄청난 현금 여왕이 되었다.

자신의 꿈을 달성하려는 노력이 이렇게 결실을 맺은 것이다.

02

현재 상태에 급급하지 말고
먼 미래를 준비하라

부모가 없어도 부자가 될 수 있다.

어떤 분은 어릴 때 돌아가신 아버지의 얼굴은 기억도 안 났다. 고등학교 때 조그만 기와집 하나 남겨 주고 돌아가신 엄마를 성토하였다. 그 분은 다음 날부터 악을 쓰며 미래를 준비했다. 요즘은 금융기관에서 VIP 대접을 받는다. VIP우대금리를 땅땅 거리면서 요구할 수 있는 현실이 어떻게 가능했을까를 곰곰이 되짚어 보면 현재를 극복하려는 노력이 성공 요인이었다고 자평을 한다.

현재가 아무리 어두워도 미래는 환할 것이라는 마음가짐을 가져야 한다. 많은 사람들이 현재 집이 없다는 것을 가장 큰 걱정거리로 생각한다. 그것도 생각을 바꾸면 의외로 쉽게 해결할 수 있다. 단, 현재를 보지 않고 미래를 생각하면 가능하다.

내 집과 100년 전세는 무엇이 다를까? 내 집과 마찬가지다. 물론 전세금을 내가 감당할 수 있는 수준으로 유지한다는 전제 조건이 있다. 요즘 전세금이 지속적으로 올라가면서 많은 사람들이 힘들어한다. 평생 내 집 마련하는 데 헉헉거리다가 뒤를 돌아다보니 인생이 다 끝나 있다며 한탄한다.

우리나라에서 10가구 중에 6가구는 자기 집이 적어도 한 채 이상 있고, 4가구는 없다. 하지만 현재 집이 없어도 미래를 생각하면 집이 쉽게 생길 수 있다.

내 집을 가장 빠른 시간 내에 장만하겠다는 결심을 어릴 적부터 하라. 그러면 무슨 수로 내 집을 만들 수 있는가? 가장 먼저 생각해야 할 것은 집의 개념을 거주로 한정하라는 것이다. 방이 백 개인 집이 부잣집이라는 전통적인 개념과 우리나라 부촌의 천 평짜리 집에 현혹된 마음을 말끔히 씻어내는 것이 중요하다. 집은 잠을 잘 수 있으면 충분하다. 전 세계에서 가장 비싸다는, 인도의 거부 무케시 암바니 회장의 1조 원짜리 집에 사는 꿈을 머릿속에서 바로 지워라. 암바니보다 훨씬 더 재산이 많은 미국의 워렌 버핏은 우리 돈으로 4,000만 원 정도 되는 집에 살고 있는데도 불편하다는 생각을 하지 않는다고 한다.

일단 원하는 집 크기의 3분의 1이나 절반의 집에 사는 것을 추진하면 된다. 우리나라에서 보통 부모의 지원 없이 결혼한 부부가 집을 사는 데 빠르면 7~8년에서 늦으면 한 15년 정도 걸린다. 그것도 부부가 벌어들인 수익의 대부분을 저축하고 최소의 생활을 하는 경우에 해당

되는 말이다.

이것은 집들이할 때 남들이 '괜찮네' 하는 반응이 나오는 집을 사려고 하기 때문에 이렇게 오래 걸리는 것이다. 까짓 집들이 안하면 된다. 집들이 한 번 하려고 그렇게 오랫동안 헉헉대며 집을 사야 할까? 그냥 내 가족이 편안히 누울 수 있는 집이면 충분하다. 자녀가 없을 때는 방 두 개짜리면 되고, 자녀가 1명 있더라도 마루에서 자면 해결된다. 집의 규모를 줄이는 것이 가장 중요하다. '나중에 애가 크면 과외도 시켜야 하는데' 하는 생각을 갖고 있다면, 과외 선생님 댁으로 아이를 보내면 된다. 투자의 개념으로 집을 살 때나 집값이 마구 오를 때는 집을 좀 크게 사지만, 그렇지 않으면 최소한도로 줄이고 또 줄여서 작은 집을 사는 것이 낫다.

집을 혼자 사기 힘들면 친인척과 상의해서 같이 사라. 결혼한 형제가 각각 아파트 24평짜리에 살 필요 없이 30평대에 두 집이 같이 거주하도록 해라. 공동명의로 하든지 혹은 한 명의 명의로 하고 다른 가족이 월세를 조금씩 대주든지 하는 방식으로 하면 된다. 두 집이 각각 따로 사는 것보다 한 집에 모여 살면 당연히 집값이 해결될 가능성이 높다.

서로 친인척 관계인데 생활비는 알아서 조율하면 된다. 집이든 뭐든 마찬가지다. 미래를 보고 현재의 욕심을 버리면 해결된다.

03 실패를 두려워하지 마라

"3번 실패하니까 조금씩 보여서 할 수 있었습니다. 부자 되는 데 가장 좋은 방법이 실패를 경험해 보는 것 같습니다."

지금은 어엿한 대표이사가 된 분의 말이다.

실패는 그냥 제로가 되는 것이 아니라, 그 자체로 상당한 의미가 있다. 그런데 많은 청년 창업자들이 패션 쇼핑몰 한 번 하다가 실패하면 끝인 줄 안다. 아빠가 준 2,000만 원으로 동대문에서 밤새 옷을 골라 판매해서 상당히 성공한 대학생이 있었다. 그런데 비슷한 패턴만으로 판매하다가 결국 실패하였다. 필자는 그들의 말투와 눈빛에서 '처참하게 깨진 것 같은' 느낌을 받았다. 그때가 찬스라고 생각한 필자는 그들에게 더욱더 하라고 격려했다. 실패에서 배우고 처음에 세운 목표보다 더 높은 목표를 세워서 재추진하라고 권유했다. 그런데 그들은 별 반응이 없이 축 처진 어깨를 돌렸다.

한 번 실패하면 더욱 더 높은 목표를 세워서 재추진하는 것이 승부의 길이다. 이 세상의 많은 부자들이 이렇게 말한다.

"아주 좋은 아이템이고 자본도 넉넉했었고 그리고 직원들과 의기투합도 했었는데 실패했습니다. 시기가 상당히 빨랐나 봅니다. 예, 맞습니다. 그때는 그걸 몰랐습니다. 사람들의 마음에 혹할 좋은 제품이면 우리는 당연히 잘 팔릴 것이라고 판단했는데……. 사람들은 자신에게 꼭 필요한 것을 가장 필요할 때 삽니다. 생필품 이외의 것은 어느 누구에게도 자신의 취향이 확실하게 존재합니다. 제품의 가치가 유별나게 느껴질 때만 그들의 마음이 움직입니다. 좋은 제품이 실패하는 경우가 의외로 많습니다. 그럴 때는 제목을 바꾸고, 포장도 바꾸어서 과거와는 다른 판매 방식으로 시도하면 성공하는 경우가 상당히 많이 나옵니다."

실패의 원인이 나에게 있는지 아니면 밖에 있는지를 구별하는 것이 가장 중요하다. 원인이 나에게 있다면 내가 할 수 있는 일들을 찾으면 되기 때문에 쉽게 성공할 수 있다. 초기자본금이 좀 모자라서 강한 판촉을 못했다고 판단되면 주위에 애걸하고 설득해서 자금을 모으라. 내가 약간 마음이 소홀해졌더니 경쟁자들이 튀어나왔다고 판단되면 휴식 시간을 줄여서 더욱 신경 쓰라.

그러나 원인이 외부에 있는 경우에는 내가 통제를 하기가 힘들어진다. 신문이 홍보성 기사를 써주면 뜰 것 같은데 이름 없는 제품이라고 안 써주면 큰 방법은 없다. 작은 방법으로 애교성 로비를 해보는 정도일 것이다.

창업으로 부자가 되고 싶으면 '나의 통제력을 최대화' 하는 것이 바람직하다. 아이디어도 내가 내고, 개발도 내가 하고, 판매도 내가 하고, 돈 관리도 내가 하고, 내가 정한 틀 안에서 크게 문제가 안 될 것들은 믿을 만한 사람들에게 맡기는 것이다. 물론 시장을 통제하려면 상당한 시간이 필요하다. 그래서 초기에는 초절약을 하면서 시장이 내가 의도한 대로 움직일 때까지 서서히 시간을 벌면서 가야 한다. 내가 버티는 시간을 늘려, 시장을 손 안에 쥘 때까지 참고, 지식과 노하우를 쌓는 것이 성공의 첩경이다.

너무 조급한 성공을 기대하면 안 된다. 그렇게 되지도 않고, 또 혹시 된다고 해도 큰 성과가 나지 않는다. 아주 맛난 설렁탕을 만드는 것처럼 아이디어를 숙성시켜서 무슨 일이든지 시간을 가지고 자신의 통제력을 높여가라. 그 과정에서 오는 실패는 그냥 가벼운 감기라고 여기면 된다.

필자가 아는 거의 모든 부자들은 이와 같은 과정을 다 거친 사람들이다.

열심히 사랑하라

부자 되기는 결혼과 상당히 밀접한 관련이 있다. 전 세계 부자의 절반이 넘는 500여만 명이 미국에 있는데, 이들 중 70퍼센트 이상이 결혼을 했다. 물론 이혼을 하는 경우도 있으나, 상당히 많은 사람들이 3년 이내에 재혼을 한다. 다시 말해서, 결혼 상태를 유지하는 것이 부자로서 도움이 된다는 이야기다.

우리나라 부자들도 상당수가 결혼을 했다. 현재의 부를 유지하는데에도 결혼이 필요할 뿐 아니라 부자가 되는 과정에서 배우자의 협조도 상당히 많이 필요하다.

우리나라에서 40대 남성의 미혼율이 1985년 1.4퍼센트에서 2010년 14.8퍼센트로 증가했고, 동일한 기간에 40대 여성의 미혼율이 1.1퍼센트에서 7.0퍼센트로 늘었다.

우리나라에서 부를 이루는 가장 좋은 방법은 ‘자신이 좋아하는 일을 헌신적으로 도와 줄 배필과 함께 수행하는 것’이다. 우리나라의 부동산중개업소가 8만 개에 달하는데 그중에서 부부가 공동으로 운영해 부자가 된 중개업소가 1,000여 곳 정도 된다. 부부가 같이하므로 인건비가 들지 않고, 다른 생활비도 거의 들지 않는다. 또한 중개하다가 좋은 물건이 나오면 중간에서 직접 투자하는 경우가 많다. 단, 자녀 출산이 좀 늦어지는 경향이 있기는 하다.

결혼은 일단 정신적으로 자신을 지원해줄 배우자가 있다는 큰 장점이 있다. 이를 악물고 부자의 길에 들어섰더라도 또다시 험난한 벽에 부딪치는 일이 너무나 많다. 국내 재벌 그룹의 주식을 수천 주 사 놓았는데 미국 경제가 곤두박질하면서 외국인 투자자가 빠져나가, 주가가 3분의 1이 사라지는 일이 생기면 좌절하기 쉽다. 언젠가는 다시 주가가 올라온다는 확신을 가지고 대하지만 마음을 다잡기가 쉽지 않다. 이럴 때 생활비 걱정 없이 1~2년을 지원해줄 배우자가 있다면 그 주식이 뜰 때까지 좀 더 편하게 기다릴 수 있다.

배우자를 선정하는 데 우리나라에서는 너무 많은 것을 따진다. 워낙 학력인플레가 심하다 보니 ‘고졸’이라면 결혼 대상에서 제외하는 경우가 많이 있다. 부자가 되는 것과 학력은 별로 상관이 없다. 부자가 못 되는 것이 적게 배웠기 때문이라는 말은 성립하지 않는다. 부자가 되는 것은 정신력과 의지를 얼마나 오래 지속하는가와 밀접한 관계가 있기 때문이다.

배우자가 자신과 의기투합해서 지속적으로 같이 일할 수 있는가를 판정하는 것이 중요하다. 그 외의 다른 조건은 크게 중요한 것이 아니다.

수천만 원씩 드는 결혼비용과 결혼 후에 거주할 집을 마련하는 과정에서 '가치 활용'의 방식을 사용하면 의외로 쉽게 문제들이 술술 풀린다. 어느 예비 신부는 결혼식을 하기 전에 신부로서는 하기 힘든 생각인 '구태여 웨딩드레스가 필요한가?' 하는 의문을 가졌다. 부친이 사회적으로 유명한 분이어서 하객이 1,000명이상 참석할 것으로 계산하고 있었으나 그냥 있는 옷으로 해결하자고 마음을 먹고는 어머니의 한복을 손보아서 웨딩드레스 대신에 입었다. 또한 신혼여행을 산중에 있는 사찰로 갔다. 첫날밤을 스님들과 같이 지낸 것이다. 부인이 스스로 정한 일에 신랑은 별로 토를 달지 않았다.

여기에서 중요하게 살펴봐야 할 점은 이들이 다른 사람들과는 '다른 생각'을 했다는 사실이다. 누구나 다 하니까 나도 해야 한다는 생각을 바꾸는 게 중요하다는 말이다.

빌 게이츠에게 부자가 되는 비결이 무엇이냐고 물어보니까 "매일 생각을 바꾸는 것입니다"라는 대답을 했다.

생각을 계속 바꾸면 무언가 새로운 것이 나온다. 어제 한 것과 다른 것을 찾다 보면 무엇인가를 다시 해야 한다. 여기서 부자가 되는 데 가장 중요한 창의성이 발휘되는 것이다.

결혼식을 간소하게 할 필요가 있다. 결혼식 장소로는 구민회관도 있고 성당도 있다.

결혼식을 하기 전에 양가가 모인 자리에서 서약을 하는 것도 좋은 방법이다. 요즘 이혼율이 늘어나는데 이것은 국민이 부자 되는 데 상당히 방해가 된다. 이혼을 하면 경제적 약자인 여성들이 문제에 빠진다. 결혼을 하기 전에 "우리는 이혼을 하지 않습니다"라는 서약을 양가 어른들 앞에서 하고 예비 부부의 공동명의로 통장을 개설하자. 국내 금융기관들 중에는 공동명의 통장 개설을 허용해 주는 곳이 있다. 여기에서 공동명의 통장을 개설하려면 부부 두 명의 도장이 필요하다. 결혼식 때 하객들이 가져온 돈을 거의 쓰지 않고 대부분을 이 공동명의의 통장에 예금하는 것이 바람직하다. 나중에 이혼을 먼저 요청한 측이 공동명의의 통장을 포기한다는 구두 언약이 필요할지도 모른다.

방법은 얼마든지 있다. 지금은 열심히 사랑하라.

아끼고 많이 벌어라

이 말은 너무나 당연하다. 아끼고 많이 벌면 누구나 부자가 될 수 있다. 다만 어느 정도로 아끼고 어느 정도로 벌어야 부자가 될 수 있는지 아는 감이 없을 뿐이다. 아낄 때는 1단위 숫자까지 신경 쓰면서 아껴야 한다.

우리나라는 주택 관련 비용이 높고, 식료품 값이 비싸고, 차량 연료비가 많이 든다. 전세대란의 상황에서 나타나듯이 거주 목적에 들어가는 비용이 상당히 많다. 또한 OECD 국가들 중에서 식료품 값의 가격 상승이 거의 최고에 달한다. 높은 유가 때문에 차량 유지비도 많이 든다. 가계소비지출에서 교육비가 차지하는 비중이 7.5퍼센트로 상당히 많다.

치열한 절약형 생활은 부끄러운 것이 아니다. 자신이 있는 분들은 진짜 부자로 살고 자신이 없는 사람은 부자를 흉내 내면서 허망한 망상 속의 삶을 지탱한다.

인류 역사상 지속적으로 입증되어 왔고 현재도 효험이 발휘되고 있는 부자 되기 방법은 다음과 같다.

'부자가 되기 위한 정신적인 준비는 자신의 꿈을 키워 가는 것이고, 물질적인 준비는 절약을 지속하는 것이다.'

누구나 부자로 알고 있는 분이 아반떼를 스스로 몰고 다니면 '참 검소하시다' 라는 평을 받는다. 누구나 부자라고 칭하는 분이 허름한 식당에서 설렁탕을 먹으면 '참 알뜰하신 분' 이라고 한다.

그런데 실제로 부자가 아니면서 부자처럼 티를 내려는 사람들이 고급 외제차나 명품을 수시로 사서 폼을 잡는다.

미국에서 진짜 부자들은 명품 구매를 거의하지 않는 것으로 알려졌다. 한국에서도 거부들은 명품을 한 번 사면 아주 오래 쓰고, 자주 사지 않는다.

매일 계산하면서 절약을 꾸준히 하라. 속옷은 한 번 사서 3년, 아니 10년을 입어도 아무도 모른다. 구멍 난 내복을 기워 입은 부자들은 집 밖에서 겉옷을 벗지 않는다.

자동차는 가능하면 아주 검소한 형태로 사라. 그것도 새 차가 아니라, 1년이나 2년쯤 된 중고차를 가까운 친척이나 친구에게서 매입해서 아주 필요할 때만 타라.

돈을 많이 벌려면 소득원 다양화가 필수다. 얼마 전에 결혼을 앞둔

30대의 여성이 필자를 만나자고 하여서 잠시 차를 같이 마신 적이 있다. 공공기업에 다니는 신랑이 있고, 자신은 유아들을 상대로 하는 교육 사업을 진행하는 여성이었다. 여성은 앞으로의 계획에 대해서 질문을 했다.

"어떻게 했으면 좋겠습니까?"

"두 달 후에 결혼을 하면 되도록 대출을 받아서 집과 상가를 사고 상가에서 공부방을 크게 하는 것이 어떻습니까? 그리고 주말에는 남편이 선생님으로 도와주는 것이 바람직할 것 같습니다."

필자의 말에 상당히 고무된 것 같아 보였다. 그런데 필자가 돈을 빌려서 아파트와 상가를 사라고 했더니 있는 돈만 가지고 전세 들어가기로 미리 마음에 정했던 모양이다. 쉽게 말해서, 내 돈을 가지고 해야 한다는 고정된 사고방식을 가지고 있었다.

필자가 간단한 진리를 이야기해 주었다.

"이 세상의 거의 모든 부자들은 남의 돈으로 돈을 법니다."

이자의 두려움이 큰 사람은 부자로 성공하기가 상당히 힘들다. 물가 상승이 몇 퍼센트씩 된다는 말은 그 비율만큼 돈의 가치가 떨어진다는 이야기다. 생각을 바꿔, 남의 돈을 많이 빌려 창조적으로 활용하고, 이자는 자신의 생활비를 줄여서 갚으면 그냥 돈을 버는 것이다.

조금 전 말했던 여인을 다시 한 번 설득했다.

"결혼하면 바로 아파트 값의 60퍼센트 정도를 대출받아서 아파트를 사고 전세 자금으로 준비한 돈 중 일부로 충당하세요. 아파트 대출 이자는 나머지는 본인이 버는 돈으로 충당하세요. 그리고 상가도 50퍼센트 정도를 은행에서 빌리고, 나머지 50퍼센트는 전세 자금 중 남은 돈과 가족들에게서 무이자로 빌린 돈으로 시작하시면 됩니다. 상가 대출이자는 남편의 월급으로 갚고, 남은 남편의 월급으로 생활비를 하세요. 본인이 버는 돈을 꼬박꼬박 모아서 공부방을 열 개로 늘리면 부자가 될 수 있을 것입니다.”

현금을 수천억 원이나 가진 분이 대형 상가를 사는 데 상가를 담보로 해서 몇백억 원을 은행에서 대출받는 이유가 무엇인지를 곰곰이 생각해 보라.

내 힘으로 일어서야 한다는 청춘의 정신을 왜곡한다고 생각하지 마라. ‘내 힘’에는 남의 돈을 잘 굴리는 능력도 포함되어 있다.

초록은 동색이라고 하였다. 끼리끼리 모인다는 말이다.
부자 사이에 끼면 당신도 부자다. 부자들을 보고 배우고
함께 행동하다 보면 어느새 부자가 되어 있을 것이다.

부자가 되려면
부자를 만나라

01

부자를 찾아 보자

__ 주변에서 찾아보라

많은 사람들이 부자가 되고 싶어서 부자와 사귀고 싶어하는데 부자를 어떻게 찾아야 할지를 모른다. 필자에게 직접적으로 물어오는 경우도 많다. 하지만 알고 보면 부자를 찾는 방법은 얼마든지 있다.

첫째, 내 주위에서 찾는 것이 가장 좋은 방법이다. 일단 우리나라 전체 인구 중에 부자는 2~3퍼센트 정도이다. 내 주위 사람들 50명 중에 한 명이 부자라는 뜻이다. 그 사람을 찾으면 된다.

노골적으로 "부자세요?"라고 물어 보는 것은 비효율적이다. 부자는 절대로 자신이 부자라고 인정하지 않는다. 부자에게 부자냐고 물어보면 자기보다 더 큰 부자가 많다고 대답한다. 부자학 수업에 초빙한 부자들도 강의를 시작하기 전에 부자가 아니라는 듯 말한다. 심지어 훌륭한 부자라서 상을 준다고 할 때도, 시상식에서 수상하면서도 "저 부자 아닌데, 상을 주시니 일단 받겠습니다"라고 한다.

직접적으로 부자냐고 물어 보기보다는 유심히 관찰하면서 추측하는 편이 더 낫다. 일단 사업체를 여러 개 가지고 있으면서, 현금 흐름이 괜찮은 것 같으면 부자라고 할 수 있다. 한 가지 사업을 여러 점포에서 하는 경우도 있고 혹은 이 사업 저 사업을 하는 경우도 있다. 보쌈집을 4개 해도 부자일 가능성이 높고, 주유소하면서 중국집을 하나 내도 부자일 가능성이 높다.

현금 흐름이 좋다는 이야기는 돈이 잘 돈다는 이야기인데 이것은 직접적으로 확인하기가 힘들다. 이럴 때는 종업원들이 오래 근속하는지를 보면 된다. 종업원들이 오래 있으면 월급을 제때 줄 확률이 높고, 거의 매년 인상해 주었다는 이야기가 된다. 또한 종업원들이 늘어나고 있는지도 관건이다. 계속 늘어난다면 돈이 들어온다고 추측이 가능하다.

직접적으로는 거래하는 은행에 슬쩍 물어볼 수도 있다. 내 주위의 김씨 아저씨가 부자인 것 같은데 길 건너 모 은행에 자주 들른다고 치자. 그때 은행원에게 '저 분 입금 많이 하시냐'고 넌지시 물어보고 은행원의 표정을 보면 추측이 가능하다.

부자라면 주위에 얼쩡거리는 사람이 많다. 돈 냄새를 맡고 각종 세일즈하는 사람들(보험, 자동차, 기타 영업사원들)이 자주 접근하면 눈치를 챌 수 있다. 영업맨들은 자신에게 도움이 될 만한 사람들을 찾아내는 노하우를 자기 나름대로 가지고 있다.

여러 가지 방식으로 '내가 찍은 사람이 부자라는 확신'만 들면 충분하다. 당신의 주위에도 잘 찾으면 부자가 꽤 된다.

필자가 젊은이들과 대화할 때 쓰는 방법 중의 하나가 '자연상기법'이다.

"교수님, 저 부자를 찾을 수가 없어요."

이렇게 도움을 청하는 젊은이들이 간혹 있다. 그러면 필자는 그 젊은이와 차 한잔하면서 약 10~20분 정도 대화를 나눈다. 부모님의 형제들이 어디에 사는지를 물어보고, 그리고 친구들 부모님이 어떤 분들인지를 물어보고, 회사나 아르바이트 하는 곳의 상황을 물어본다. 그러면 그중에 부자라고 할 수 있는 사람이 꼭 잡힌다. 필자가 사람을 찍어주면 몇 주 후에 "교수님, 고맙습니다"라는 전화나 문자가 오는 것이 일반적이다. 부자를 찾는 가장 좋은 방법은 주변을 살펴보는 것이다.

소개를 받아라

내가 아는 사람들 중에서 부자를 찾았다면 이제 더 찾아봐야 한다. 더 많은 부자를 만나고 싶다는 욕구가 '불끈' 하고 마음을 때려야 당신은 부자가 될 확률이 높아진다.

직접 아는 사람들을 만나보는 방법과 주변 사람들에게서 소개받는 방법이 있다. 이 방법은 신뢰성과 확실성은 떨어질 수 있지만, 범위를 넓혀가면서 새로운 스타일의 부자를 만날 수 있다는 나름대로의 장점이 있다.

내 일이라면 발 벗고 나서줄 아주 가까운 사람들에게 한번 물어 보라.

"제가 부자에 대한 공부를 하고 싶은데, 어디 부자 좀 소개시켜 줄 수 있습니까?”

맨 처음에는 답이 나오지 않는다. 질문을 받은 사람이 부자가 누구인지를 잘 모를 수도 있고, 또한 부자를 알아도 선뜻 소개하여 주는 것이 별로 마음에 내키지 않을 수 있다. 이때에 명확하게 목적을 말해야 한다. “제가 부자를 만나려는 것은 돈을 빌리려는 것이 아니라, 어떻게 하면 제대로 된 부자가 될 수 있는지를 스스로 깨우치기 위함입니다.”

그러면 가까운 사람이 나설 확률이 훨씬 높아진다.

주위에 아는 사람 3명에게 ‘아는 부자 있습니까?’ 라고 식사를 대접하면서 물어보면 거의 반드시 한 명은 나타난다. 아니면 ‘누가 부자다’ 하는 정보가 나온다. 사회생활을 하면 이런 저런 인연으로 아는 사람이 보통 수십 명에서 수백 명은 된다. 그런 사람들 3명에게만 물어봐도 그들이 아는 사람의 숫자를 합하면 꽤 많다. 그중에는 반드시 부자가 있을 것이다. ‘저 좀 소개시켜 주십시오’ 하면서 식사를 사고, 또 부자를 소개받을 때도 식사비를 아끼지 말아야 한다.

그렇게 소개받는 자리에는 소개해 준 사람과 반드시 같이 나가야 한다. 부자는 의심이 많고, 처음 본 사람들을 쉽게 신뢰하지 않는다. 만약 어느 부자가 처음 본 사람들에게 휴대전화 번호를 금방 가르쳐 준다면 그 사람은 거의 반드시 ‘선거’ 에 나오려는 부자다. 그런 경우 이외에는 부자들은 처음 소개받아 만나는 사람을 상당히 오랜 기간 동안 관찰만 한다. 그렇기 때문에 혼자 가봐야 소득도 거의 없고 배우지도 못한다. 그러니까 반드시 소개해 준 사람과 동석해야 한다.

또한 그렇게 소개받은 부자와 금세 친해질 것이라고 생각하는 것도 착각이다. 다음 번의 만남을 약속하기가 쉽지 않다. 헤어질 때 "다음번에 뵙고 싶습니다" 하면 거의 대부분 답변이 없을 것이다.

방법은 있다. 처음 만남에서 확실한 인상을 심어주어서 그 부자가 당신을 기억할 수 있도록 하는 것이다. 그러고 나서 부자의 주위를 서성이면 쉽게 친해질 수도 있다. 아주 교묘하게 자연스러운 만남인 것처럼 위장해서 인위적인 접근을 하는 것이다. 물론 부자도 눈치챈다. 짧은 시간에 몇 번 우연한 만남이 생기면 '접근하는구나' 하고 감을 잡는다. 그런데 부자는 외로운 면이 있어서 은근히 접근하는 상대방을 기다리기도 한다.

미국에 유명인사들의 외로운 상황을 묘사하는 이야기가 있다. 이 이야기를 '금요일 밤의 불편함' 이라고 한다. 가장 바쁠 것 같은 금요일 날 저녁에는 사람들이 지레짐작하고 유명인사에게 접근을 하지 않는다. '저 분은 금요일날 약속이 다섯 개는 될 거야' 라고 짐작하는 것이다. 그런데 막상 부자는 주중에는 일이 많으나 금요일날은 약속이 안 잡히는 경우가 꽤 된다. 간혹 그럴 때 직접 전화를 해서 접근하면 비교적 쉽게 친해진다.

부자에게 무엇을 배울까?

내 주변 사람들과 내 주변 사람의 주변 사람들 중에서 부자를 다 찾고 나면 거의 바닥이 난다. 잘해야 한 열 명 정도를 찾을 것이다. 그들과 마음을 터놓고 친해지기란 아주 어렵다. 밥값으로 수백만 원을 들여도 그들 중에서 겨우 한 명의 휴대전화 번호를 받을까 말까 한다.

여기에서 '내가 왜 부자를 만나야 할까?' 하는 회의가 들 텐데, 이것을 극복해야 한다. 부자들과 친해지면서 그들의 생각, 그들의 행동패턴, 그들의 성공 비결을 자연스럽게 터득하자는 마음이 굴뚝 같아야 당신도 부자가 될 수 있다.

부자는 다르다. 부자와 이야기를 많이 하면 할수록, 당신은 부자에 더 가까워진다. 부자와 식사를 많이 하면 할수록, 그들에게서 훨씬 많이 배울 수 있다. 당신 혼자서 식사할 적에는 4,000원짜리를 먹더라도, 부자를 만날 때는 20만 원을 아깝다고 생각하지 마라. 그만한 가치가 나온다.

그러면 어떻게 더 많은 부자를 만날 수 있는가? 가장 좋은 방법은 신문에 나오는 사람을 찾는 것이다. 예를 들어 기부를 많이 했다는 기사가 나온 사람들이 부자다. 어렵게 벌어서 기부를 많이 했다는 사람들의 기사가 신문에 나면 꼼꼼히 읽어보고 스크랩을 하라. 그러고 나서 적어도 6개월이 지난 후에 접근하라. 기부를 했다고 소문이 나면 수백 명이 '나도 도와 달라'고 달려드니 부자들이 기겁을 한다. 그러니까 기부 소문이 거의 없어지고 나서 접근해라.

어떻게 접근하는가? 정중한 편지를 써라. 자신을 밝히고, 저는 누구인데 기부받자는 것이 아니고 선생님의 인격에 감동하여서 찾아뵙고 싶다는, 그런 편지를 20~30통 보내면 몇 사람은 만나 주실 것이다. 신문의 기사를 쓴 기자에게 연락해서 연락처를 알 수도 있고, 기부자가 소속된 단체나 직장으로 연락해도 된다. 그리고 정성스럽게 준비한 선물을 가지고 가라. 진정으로 그 사람의 일을 축하할 만한 선물을 잘 생각해서 가지고 가면 의외로 쉽게 친구가 될 수도 있다.

신문에 광고를 많이 하는 기업체의 사장은 거의 대부분이 부자다. 신문에 자주 나는 회사의 대표는 자신을 세상에 알리고 싶어 하는 경우가 의외로 많다. 직접적으로 접근하면 쉽게 만나줄 수도 있다. 단, 그런 부자는 당신이 자신의 사업에 도움이 되는지를 따져본다.

접촉하기 전에 부자가 하는 사업의 성격을 잘 분석하고, 내가 무슨 도움을 줄 수 있는가를 주도면밀하게 검토해 보라. 그 부자가 음식점을 새롭게 열었다고 한다. 만약 내가 나온 초등학교의 총졸업생이 만 명이 넘고 내가 초등학교 총동창회에 자주 나가는 상황이면 그 음식점을 우리 초등학교 졸업생들에게 소개시켜 줄 수 있다.

소개시켜 주는 대가로 소개비 좀 달라고 가는 것이 아니다. 소개비는 정식홍보업체가 아닌 개인이 받을 명목도 없고, 달라고 하면 사기죄로 고발당할 수도 있다. 아예 소개비 생각하지 말고 그냥 도와주자. 내가 나가는 교회에 3,000명의 신도들이 있다면 거기에도 소개하자. 나는 그 사람에게서 정말로 어떻게 부자가 되었는지, 어떻게 이런 신규 음식사업의 아이디어를 얻었는지만 순수하게 얻자. 이렇게 접근하면 마음이 편하고 일도 잘된다.

남을 이용하려고 생각하고 접근하면 거의 성사가 되지 않는다.

남에게 신뢰를 받는 방법은 그 사람에게 이득을 주고, 나는 이득을 챙기지 않는 것이다. 이것을 보통 선행이라고 하는데, 이것이 인간의 마음을 가장 크게 움직인다. 당신이 처음 만난 부자에게서 물질적인 것을 얻어낼 가능성은 별로 없다. 부자란 그렇게 우둔하지 않다. 아예 물질적으로 도움 조금 받느니, 정신적으로 왕창 받자고 생각하라. 그런 생각이 부자의 마음을 놓게 한다.

부자는 프로이므로 그들에게 접근해서 먼저 경제적 이득을 얻자고 하면 안된다. 부자에게 정신적으로 편안함을 주면서 접근을 하면 의외로 쉽게 친해질 수 있다.

부자 찾기는 아주 중요하다. 부자를 찾아내고 그리고 그런 부자들과 친해지면서 많은 것을 배울 수 있다면 벌써 당신도 부자 반열에 들어선 것이다.

무언가 배웠다면 당신도 그것으로 새로운 것을 하라.

02

부자와 친해지는 법

부자를 알게 되었으면 이제 사귀어야 한다. 일단 부자와 사귀려는 목적이 명확해야 한다. 보통 부자를 상대로 세일즈를 하는 VIP 마케터들(고가 부동산, 명품, 고급 서비스 등을 부자에게 판매하는 사람들)은 경제적 이득을 취하려는 목적으로 부자를 만난다. 전 세계에 VIP 마케팅을 하려는 분들은 엄청나게 많으나, 그중에서 실제로 성공한 사람들은 극소수다. 우리나라에서 VIP 마케팅에서 성공하는 세일즈맨은 0.1퍼센트 정도밖에 안된다. 그 이유는 부자는 돈에 있어서 프로이기 때문에 부자들에게 직접적으로 물건이나 서비스를 팔려고 달려드는 것은 상당히 어렵다. 세일즈맨들은 부자에게 고가의 물건을 팔아서 이익을 크게 남겨 자신이 부자가 되는 길을 택한 사람들이다.

그러나 이 책을 읽는 대부분의 독자들은 부자와 친해져서 어떻게든지 노하우를 배워 부자가 되려는 사람들일 것이다. 그렇다면 부자와 만나는 목적을 판매가 아니라, 부자의 경험, 정보, 노하우를 배우고 얻는 것으로 국한해야 한다.

부자를 만나서 새로운 것을 배우려는 것이 주목적이라고 결정하고 나면 아주 마음이 편해진다. 이제부터 부자와 사귀는 방법을 말씀드리겠다.

절대로 조급하게 굴지 마라

시간을 넉넉하게 가지고 많은 부자들과 이리 저리 다양한 형태로 교류를 하라. 부자를 한 명 만나서 두세 번 악수하고, 운이 좋아서 사우나도 같이하고, 혹은 골프 치고 식사했다고 해서 친해졌다고 생각하면 오산이다. 부자는 일반인들보다 의심이 몇 배는 더 많다. 왜 부자는 남을 믿지 않는가? 자신에게 접근해 오는 사람을 왜 안 믿는가? 이유는 접근하는 목적이 탐욕 때문일 것이라고 지레짐작하기 때문이다.

"저를 만나고 싶어 하는 분들의 99퍼센트 이상은 전부 제가 가진 것을 탐내는 사람들입니다. 10년을 사귀어도 돈 이야기를 하지 않을 사람은 아주 손에 꼽을 정도입니다."

이것이 현실이다. 부자의 관점에서 보면 '사람들은 인간적으로 친해지려는 게 아니라, 내가 가진 것을 빼앗아 가려는 것뿐이다. 목적을 다하면 실제로 그들은 나에게 전화도 하지 않을 것이다' 라고 대부분 생각한다. 부자는 이런 경험들을 숱하게 하면서 살아 왔다.

부자를 만나면 인간적으로 친해지도록 노력해야 한다. 그저 '내 사

촌이다, 우리 고모다, 삼촌이다, 내 옛날 친구다' 라고 생각하고 자연스
럽게 행동하라. 정말로 이런 마음이 있어야 부자의 눈에 자연스럽게 느
껴진다. 아무런 목적이 없이 그저 순수하게 부자를 만나도록 하라.

식사를 사겠다고 하면 부자는 그냥 웃을 것이다. '당신이 평소에 드
시던 것보다는 약간 비싼 것으로 선택하되 내가 부자라고 너무 부담스
러운 곳으로 데려가지는 마라' 라는 뜻이다. 그냥 약간 고급스럽게 느
껴지는 곳에서 식사를 겸해서 1~2시간 정도 자연스럽게 대화하면 된
다. 편안하게 식사하고 다음 약속도 잡지 마라. 그냥 상대방이 생각하
고 움직이는 대로 이야기하고 행동하면 된다. 소개로 만났을 경우에도
아마 휴대전화 번호가 찍혀 있는 명함을 잘 안 줄 것이다. 부자가 꺼려
할 만한 것들은 대화에 올리지 않는 것이 좋다. '재산이 얼마인가? 부
자의 학력은 어떠한가? 어디에 사는가? 부인은 무엇을 좋아하나? 자녀
는 어느 사립학교에 다니는가?' 이런 것들은 안 물어보는 것이 좋다.
몰라도 된다. 편안하게 시간을 보내다가 그냥 헤어지면 된다.

다음번에 기회가 되면 부자와 또 만날 수 있다

친한 친구의 소개로 만났고, 친한 친구와 그 부자가 상당히 가까운
사이라면 자주 보게 될 것이다. 그 친구의 가족 대소사나 사업장에 부
자가 나타날 확률이 상당히 높다. 거래상 아는 분이 소개해주었다면,
그 분도 부자와 무슨 거래를 하고 있을 것이다. 이때에도 그 거래가 무
엇일까를 곰곰이 생각해보면 감이 잡힐 것이다.

그렇다고 아무런 대비도 없이 무턱대고 부자를 마음속에서만 애타

게 기다리면서 시간을 보내지는 마라. 많은 부자들에게 그물을 쳐놓고 있다 보면 이 부자가 아니면 다른 부자와 어떤 식으로든 연결이 될 것이다. 그 과정에서 여러 가지로 부자들에게 독특한 인상을 남길 만한 것들이 있어야 한다. 당신이 골프에서 퍼팅의 귀신이라면 이것 하나만 가지고도 부자들과 교류가 가능하다. 당신이 부자들이 생각 못한 정보를 줄줄이 입에서 쉬지 않고 내놓을 정도의 독서력이 있다면 부자들이 당신의 말을 듣고 싶어서라도 접근하게 된다.

너무 자주 접근하는 것은 부자에게 부담을 줄 수도 있다. 그러나 부자가 교육 수준이 낮고, 사회적 활동이 활발하지 않고, 주위에 사람들이 별로 없는 경우에는 의외로 '노골적인 접근'이 필요할 때도 있다. 돈이 있는데도 사람들이 알아주지 않는다고 느끼는 부자는 자기를 필요로 하는 사람들을 스스로 찾아나서기도 한다. 우리나라에 최고위과정이라는 것이 숱하게 많다. 대학에서 운영하는 것뿐만 아니라, 단체들이 하는 것도 많다. 주위에서 많은 최고위과정에 단골로 나가는 부자가 있다는 이야기를 들으면 그 사람에게 접근해도 된다. 그 사람은 자신을 알아주는 사람들을 찾아서 거기 가서 돈 좀 쓰고 직함(기수회장, 동창회장 등)을 얻으려는 사람들이다. 이런 사람들에게 의도적으로 접근하면 바로 쉽게 사귈 수 있다. 서로 뻔히 상대의 속을 알지만 그래도 사람이 서로 필요해서, 진짜도 아니고 가짜도 아닌 상태로 자주 만나는 것이다. 그러다가 인간적으로 친해지는 경우도 가끔 있다.

부자는 처음 만난 사람이 언제 돈 이야기를 하는지 내심 기다리고 있다. '당신이 웃는 낯으로 나와 진정으로 친하자고 하지만 실제는 돈 때문일 것이다. 내가 속냐?' 하고는 언제 돈 이야기가 나올지를 계속 궁금해한다. 알고 지내는 집에서 돈 문제로 형제 간의 혈투가 났다는 이야기를 하면 부자는 '왜 이런 이야기를 하지?' 하고 의심한다. 주식에서 다 깨먹은 내가 펀드에 눈 감고 넣어 두었던 것이 대박이 났다고 하면 '돈 빌려 달라는 것' 인가 보다 하고 짐작한다.

"교수님. 제가 그 부자와 수십여 년을 사귀었습니다. 기회가 되면 자녀들을 결혼시켜서 사돈이 되었으면 합니다."

"그런데 어떻게 그렇게 오랫동안 사귈 수 있었습니까? 그것도 은행에 다니시면서요?"

필자의 물음에 모 은행 부행장은 다음과 같이 대답하였다.

"제가 그렇게 오랫동안 사귀었음에도 돈 이야기를 안 했습니다. 그냥 세상 사는 이야기만 하니까, 그 부자가 저를 도와준다고 신용카드를 하나 저한테서 개설했습니다. 그리고 저와 만날 때면 꼭 그 카드를 가지고 와서는 얼마든지 좋으니 음식점은 당신이 정하라고 합니다. 제가 정한 음식점에서 그 부자가 냅니다."

비결은 돈 이야기를 하지 않는 것이었다. 필자도 그와 비슷한 이야기를 숱하게 하였다. 필자가 부자학 교수이다 보니 아무래도 부자들과 만날 기회가 자주 있다. 가끔 필자에게 큰돈이 들어올 것 같은 정보를 넌지시 던지는 경우가 있다. 필자는 "아, 그래요" 혹은 "고맙습니다"

하고 대답하지만 실제로는 단 한번도 돈을 목적으로 정보를 요청한 적이 없다. 그런 일이 여러 번 있고 햇수가 지나자 돈으로 폼 잡으려는 부자들은 그냥 떠나가고(필자도 별로 관심 없다), 진정한 부자와 사회의 전범이 될 만한 부자들만 그냥 자주 만나고 있다.

돈의 프로 앞에서는 돈 이야기는 아예 꺼내지 않는 것이 가장 좋은 생각이다.

_ 부자와 가족처럼 지내라

부자의 가족에 일이 생길 때면 절대로 빼놓지 마라. 상이 났다고 하면 3일 내내 가고 장지까지 따라가라. 장례식장에 세 번이나 왔다고 부자가 기억해주지 않는다. 어쩌다 두 번 왔나 보다 하고 생각한다. 그런데 아침에 시간을 내어 발인할 때 찾아가 보면 표정이 약간 바뀐다. 그리고 마음을 그냥 푸근하게 가지면서 장지까지 따라가겠다고 하라(내일은 제쳐두어라). 아마 반대는 하지 않을 것이다.

부자는 진짜 친구가 거의 없다. 부자는 일단 가족이든 남이든 자신 이외에는 믿지를 않는다. 미국에서 복권에 당첨된 어떤 사람은 집에서 다가오는 배우자의 발소리에 소름이 끼치기도 했다고 한다. 우리나라도 돈 문제가 달리면 가족들 간에 혈투가 벌어지는 일이 종종 벌어진다.

우리 집 상이 났을 때 장지까지 따라올 사람이 있다는 사실에 부자는 흐뭇해할 것이다. 물론 장지까지 따라간 일을 남들에게 소문낼 필요도 없다. 그냥 잊으라. 당신은 잊어도 부자는 잊지 않는다. 그 후로 부자는 당신을 인간으로 기억하기 시작할 것이다.

여름에 가족끼리 해수욕을 같이 가는 사이가 되면 진짜 친구가 된 것이다. 가족끼리 안 가더라도 그냥 당신과 일주일에 한두 번씩 서로 문자하고, 통화하고, 가끔 만나는 사이가 되면 그 부자와는 친구가 된 것이다. 당신의 재산이 적다는 것은 아무런 문제가 안 되고, 당신의 학력이 그 부자보다 높다는 것에도 신경을 안 쓴다. 당신과 고향이 서로 달라도 별 상관이 없다.

부자의 마음속에 들어가는 순간, 그 순간이 바로 당신이 부자 엘리베이터의 문을 열고 발을 들여 놓는 순간이다.

＿ 때가 되면 부자가 그냥 도와준다

"교수님. 제가 차를 결혼선물로 받았습니다."

"아니, 당신은 운전면허도 없잖습니까?"

"아, 글쎄. 제가 운전을 못한다고 몇 번 이야기했는데도 그 분이 그냥 결혼선물이라고 차 키를 보냈습니다."

어느 젊은 사람과 필자가 나눈 이야기다.

부자는 진정한 친구를 사귀기 원한다. 자신을 배신하지 않고, 자신을 이해해주고, 자신의 편이라고 온전히 믿을 수 있는 그런 친구를 찾는다.

필자가 오래 전부터 부자는 외롭다고 많은 사람들에게 이야기해도 이 말뜻을 이해하지 못한다.

"부자가 뭐가 외로워. 돈이 그렇게 있는데. 지 하고 싶은 것 다하면서."

부자가 외로운 것은 자신이 항상 보호해야 할 것을 가지고 있다는 사실을 잊지 못하기 때문이다.

부자는 자신이 부자가 된 과정을 잊지 않고 있다. 그렇게 어려운 시절을 겪으면서 일어설 수 있었던 과정을 언제나 또렷하게 기억한다. 자신의 마음에 쏙 드는 사람이 부자가 아니라는 것을 깨닫는 순간에 '저 사람을 부자로 만들어야지' 하고 생각하는 것이 부자다.

어떤 사람은 우리나라의 재벌 회장 한 명과 근 십 년을 그냥 아무런 문제 없이 사귀어 왔다. 아무런 요구도 하지 않고, 그냥 지나가는 인연처럼, 그러나 때가 되면 자주 만났다. 그 사람의 처남은 빌라를 18채 지어 시행업을 하였다. 지난 십 년 동안 사귀면서, 언제인가 자신의 처남이 부동산업을 한다는 것을 지나가는 말로 했는데 그 거부는 기억하고 있었다.

어느 날 한 채당 40억 정도 하는 고급빌라 사업을 하는 처남의 이야기가 유명 신문에 나자 거부가 전화를 걸었다.

"며칠 전에 처남의 이야기가 신문에 났지요?"

"저는 모르겠는데요. 내가 그 신문을 잘 안 봐서."

"처남의 이름이 장 아무개 씨 맞지요?"

"아니, 그것을 어떻게 아십니까?"

"알겠습니다. 처남을 저에게 소개 좀 시켜주십시오."

18채의 빌라 중에 그때까지 한 채만 계약이 된 상태였다. 처남은 사업이 잘 안 되자 신문에 낸 것이었는데, 그 거부가 2채를 직접 사고 나머지 15채는 자신이 일일이 전화해서 전부 팔아주었다.

03 부자의 생각을 들어라

부자는 절대로 자기의 생각을 모두 다 말하지 않는다. 그냥 이렇고, 저렇고 원론적인 이야기만 한다.

일단 자신의 생각을 확고하게 하라. "나는 대한민국 최초로 편안히 잠을 잘 수 있는 스마트폰 어플을 만들어서 스마트폰에 올려놓고 취침 전에 1분 동안 하게 만들겠다. 불면증에 시달리는 수많은 분들에게 편안한 잠을 소개하겠다"라고 결심했다고 치자. 이때 그 생각에서 빠진 것이나 필요한 것이 무엇일까를 가지고 부자들을 찾아야 한다. 목적은 '편안하게 잠을 자는 방법들을 개발하겠다'에 한정해야 한다.

전 세계 부자 전문가들이 모두 한결같이 부자는 아는 사람만 만난다고 이야기한다. 낯설은 사람들과 만나면 언젠가는 이 사람이 내 것을 노리면서 빼앗아 갈 것이라고 의심하는 것이다. 상당히 일리가 있는 이야기다.

부자가 아닌 사람들 중 상당수가 부자를 만나면 은근히 기대를 한다. 무엇이 생길까? 부자를 만나려고 할 때 그러한 목적을 가지지 말라. 그냥 부자를 만나 무엇인가를 배우겠다는 마음가짐을 가져라.

내가 아는 부자들 수천 명의 공통점은 "누구나 한 가지 이상은 장점이 있다"는 것이다. 아주 독하거나, 아주 기억력이 좋거나, 아주 배짱이 두둑하거나. 부자를 만나면 이러한 것을 찾아내고 배워라.

부자를 처음 만나려면 일단 주위의 사람들에게 식사를 제공하라. 차를 마시면 시간도 짧고, 친밀감이 떨어질 수도 있다. 상대방에게 식사를 제공하겠다고 하면 대부분 응한다. 식사는 보통 2시간 전후이다. 그 시간에 처음부터 화제를 부자로 돌려라. 부자는 좋다. 혹은 부자는 나쁘다. 그러면 상대방은 대부분 그 화제에 반응을 보인다.

그러면서 책에서 읽은 부자 이야기를 던져보라. 상대방이 재미있어 하면 이번에는 상대방에게 바통을 넘긴다. "선생님이 아는 부자는 어떻습니까?" 처음에는 "나는 부자 몰라" 혹은 "아는 부자 없어" 하다가도 곰곰이 생각하면서 몇 명을 풀어놓는다.

주위에 단 한 명의 부자도 없는 사람은 없는 것 같다. 경제적으로 곤란한 처지에 놓인 사람들과 대화를 해봐도 '친척의 친척이 부자인데……' 하면서 이야기 보따리를 풀어낸다.

듣던 중에 흥미가 있는 사람이 나오면 상대방에게 그 부자를 꼭 소개해 달라고 요청하라.

"내가 식사를 살 테니, 그 부자를 좀 만나게 해주십시오."

이렇게 해서 처음 부자를 만나는 것이다.

그 후에는 이 방법을 다른 사람들에게도 써보라. 노력하면 시작한 지 3년 이내에 충분히 100명의 부자를 만날 수 있다.

새로 알게 된 100명의 부자들에게서 배운 것을 자신이 구상하는 일에 투입하면 여러분도 그들처럼 될 수 있다.

부자와 결혼하는 법

이왕 부자와 사귀는 법을 이야기했으니 결혼하는 법도 이야기해 보자.

부자와 접촉이 가능해야 한다

미국에서 부자 결혼 중매 상담회사를 차린 미모의 여사장은 부자들이 광고를 보고 신청을 하면 그 신청자를 먼저 살펴보고, 호감이 가면 그 여사장이 직접 나간다. 남자의 반응을 보고 남성이 자신에게 호감을 가지면 만남을 지속하고, 만약 남성이 신경을 안 쓰면 자신 회사의 커플 매니저를 내보낸다.

우리나라 부자들의 중매는 부자들이 자주 가는 미장원, 한복집, 갤러리, 음식점 등의 여주인이 서는 경우가 꽤 있다. 부잣집 사모들이 적

어도 10년 이상 거래를 한 다양한 가게의 여주인에게 자신의 존재를
알리는 것이 가장 먼저 필요하다.

__ 부자의 고민거리에 대한 해답을 줄 수 있어야 한다

부자들 중에 돈만 알고 쓸 줄 모르는 경우가 꽤 있다. 현찰을 은행에
넣어두고 펀드니 주식은 조금도 안 하고 오로지 내 돈만 지키는 부자들
도 있다. 신용카드도 좋은 것 먹으러 갈 때만 일 년에 몇 번 쓰는 사람이
다. 이들과 만나면 절대로 돈 이야기를 꺼내지 말고 그들의 마음속에 들
어가야 한다. 자기 주위에 달려드는 모든 사람이 돈을 보고 온다고 생각
하는데, 오랫동안 돈 이야기를 안 하면 편안해한다. 그리고 자기의 자녀
를 이 분에게 맡겨도 된다고 생각한다.

__ 부자가 진짜 가족처럼 느낄 수 있게 해야 한다

대부분의 부자들은 자기 이름의 문패를 달지 못한다. 처음 보는 사
람에게 휴대전화 번호가 적인 명함을 내주는 부자도 거의 없다. 항상
불안의 그늘에서 사는 부자들은 진짜 가족 같다고 느끼면 자신의 자녀
와 결혼을 시키려고 한다. 항상 그들의 생각 안에서 자신도 생각하고,
그들이 원하는 것을 하면 부자가 가족과 같이 느낄 것이다.

__ 부자의 미래를 지켜줄 수 있다는 확신을 주어야 한다

규모가 꽤 되는 회사를 자기 사후에도 유지하려는 생각을 가진 부
자들은 자신의 재산을 지켜줄 사람이 필요하다. 자신이 원하는 범위

안에서 자신의 자녀를 돌보면서 재산을 지켜 준다는 확신이 서면 자녀를 보내는 경우가 종종 있다. 회사일에 개인적인 욕심을 부리지 말고 오로지 회사의 미래를 위해서 튼실하게 일하면 언젠가는 기회가 올 수 있다.

부자가 되는 것은 중요하다. 부자가 되기 위한 방법도
많다. 그러나 정말 인간으로서 중요한 것은 진정한 부자
가 되는 것이다.

진정한 부자

선행부자 vs. 후행부자

필자는 부자학을 연구하면서 재미있는 것을 발견했다. 이 세상에는 '먼저 부자였던 사람들'과 '나중에 부자가 되는 사람들'이 있다는 사실이다.

먼저 부자였던 사람들은 부모에게 상속받아서 부자가 되었으나 다 까먹어서 나중에 힘들어진 부자들이나 혹은 실제는 부자가 아닌데 부자처럼 행동하다가 망한 사람들이다.

필자는 이들을 선행부자라고 부른다.

이에 반해, 필자가 후행부자라고 부르는 사람들은 처음에는 부자가 아니었으나 자신이 하고 싶은 일들을 끊임없이 찾아나서다가 결국에는 부자가 된 사람들이다. 이들은 아주 오랫동안 부자로 살게 된다.

선행부자들은 이렇게 산다.

- "(어릴 때 아빠 차 타면서) 아빠, 이것도 나중에 내 것이지."
- 부모가 부자일 때는 우리 집에 돈 찍는 기계가 있다고 믿고 살다가 나중에 끼니 걱정을 하게 된다.
- 부자라고 착각하고 부자처럼 펑펑 쓴다.
- 월세집에 살면서 고급 중형차를 끌고 다닌다.

후행부자들은 이렇게 산다.

- 돈을 입에 올리지 않는다.
- 돈이 중심이 아니고, 자신의 꿈이 중심이다.
- 일에 미쳐서, 일만 해서 결국 부자가 되었다.
- 어느 사람은 대기업을 다니다가 자신의 일을 하려고 중소기업으로 옮겼다.
- 차를 거칠 게 몰면 휘발유 값이 많이 나간다고 살살 몬다.

후행부자가 되려면 초라하지 않게 절약하라. 남의 눈의 띌 만한 것은 수수하나 깨끗하게 한다. 남의 눈에 안 띄는 것은 엄청 절약한다. 속옷은 다 해진 넝마를 입는다. 회사에서도 회사 내부의 행사는 최대한 절약하고 외부 고객들과의 행사는 수수하나 초라하지 않게 한다.

후행부자가 되려면 돈을 만드는 능력을 키워라. '노력한 결과로 부자가 되어 성취감을 느낀다.' 이것이 진정으로 부자가 되는 길이다. 부자처럼 혹은 한때의 부자로 사는 선행부자의 길을 피하라. 내가 하고 싶은 것을 진정으로 찾아서 그것에 목을 매라. 그리고 풍족해지면 그때에도 자신이 과거에 힘들었던 시절을 잊지 마라.

그러면 영원한 부자로 생을 마칠 수 있다.

02 사회적 기업에 투자하는 훌륭한 부자

　부자는 정신적으로 자신이 하고 싶은 일을 하고, 물질적으로 어느 정도 여유가 있고, 사회적으로 인정을 받는 사람이라고 필자는 정의한다. 우리나라에서 총재산이 30억 원이 넘는 사람들을 보통 부자라고 하는데 약 30만 가구가 되는 것으로 금융기관들이 추정한다. 이 중에서 자신이 하고 싶은 일을 하면서 사회적으로 인정을 받는 부자들은 그다지 많지 않다.

　현재의 화폐가치로 가장 많은 약 370조 원 정도를 보유하였던 인류 역사상 최고의 부자, 록펠러는 독점으로 재산 획득을 하였다. 가난한 사람들에게 기부를 하려 하자, 그들은 더러운 돈은 받지 않겠다고 절규하였다. 반성을 한 록펠러는 자선의 길을 걸었다. 록펠러의 유언에 따라 현재도 미국 뉴욕의 수도세를 록펠러 가문이 내고 있다고 한다.

우리나라 부자 전문가들이 록펠러보다 더 수준 높은 부자로 칭송하는 사람이 고 유일한 박사이다. 재산 축적의 목적이 조국독립이었으며, 자신의 죽음이 임박하자 유한양행을 사회에 완전히 헌납하면서 중역이었던 아들과 조카를 회사에서 내보내는 믿기 힘든 일을 했다.

"저희 아버님이 가난한 선생님이셨는데, 학생들을 가르치는 것이 보기 좋아서 학교를 세우려고 작심했습니다. 막상 학교는 아직 못 만들었습니다."

사업 초기에 10여 년 동안 사장인 자신이 회사 화장실 청소를 직접 했다는 어떤 사장의 이야기다. 그가 얼마 전 거액을 사회단체에 기부했다는 이야기를 전해 들었다.

"뇌물을 달라고 해서, 5만 원을 꺼냈습니다. 그리고는 영수증을 적어주면 주겠다고 하니까 그냥 갔습니다."

회사를 수십여 년 동안 운영하면서 단 한 번도 오물에 발을 담그지 않았다는 어느 창업주는, 자신이 회사를 떠난 후에 얼쩡거리지 않으니 회사가 잘되었다고 필자에게 자랑했다.

"나한테 가장 많이 덤비던 놈을 회장 만들고, 그 다음으로 대들던 친구를 사장 만드니 회사가 너무 잘되었어요."

자신이 가진 주식의 3분의 1은 가족에게, 3분의 1은 회사에, 나머지 3분의 1은 사회에 헌납하겠다고 공언하기도 했다.

"제가 120만 원 가지고 노점을 시작했는데 그래도 내가 만든 토스트를 먹는 분들에게 건강한 음식을 제공하고 싶어 설탕을 안 넣었습니다."

"설탕을 안 넣고 됩니까?"

"야채에서 단맛을 뽑아냈습니다."

재벌 그룹 앞에서 노점을 했는데 보기 안좋다고 내쫓으려는 것을 재벌 회장님이 보시고는 그냥 두라고 해서, 그때부터 신이 나서 일을 했다는 부자의 이야기다. 이제는 가맹점 수백여 개를 가진 대표이사가 되었다. 가맹점주들에게 받은 초기 가맹비 2,000만 원을 6개월 이후 반드시 돌려준다는 이 부자는 필자에게 수십만 평짜리 어린이 재단을 만들겠다는 포부를 여러 번 밝혔다.

사회적 기업이라는 용어가 대한민국에 퍼져나가고 있다. 회사의 절반 이상의 인력을 취약 계층으로 고용하여 그들에게 일자리를 주려는 목적으로 기업 활동을 하는 곳이다. 우리나라에도 '일자리를 주려고 기업을 일으킨다'는 사회적 기업을 직접 지원하는 조직이 생겼다. 사회적기업진흥원은 독립선언문 33인과 동일한 숫자의 직원이 있는데 고용노동부 파견직원이 단 한 명도 없고, 앞으로 만 개의 사회적 기업 창설의 주역이 되겠다고 한다. 유럽에서 미국으로 그리고 한국으로 들어온 사회적 기업은 부자가 따뜻한 손을 펼칠 수 있는 아주 뜻 있는 조직이다. 이 회사에는 이익금이 다시 취약계층에게 돌아가는 구조가 법으로 확립되어 있다.

학교를 꿈꾸고, 사회를 투명하게 하고, 어린이 재단을 만들려는 사람들을 포함해서 이 땅의 진정한 부자들은 자신의 이름이 영원히 남을 사회적 기업에 자신의 잉여 재력 중의 일부를 투자하는 주주가 되어야 한다. 그냥 기부하면 그 돈은 없어지나, 사회적 기업은 재생산이 가능한 곳이다.

"우리 집사람의 이름으로 사회적 기업에 투자하면 될까요?"

"예, 그렇게 하십시오. 일반 기업의 주주와 달리 소유권만 있지, 실제로 재산권은 없습니다. 그리고 봉사도 하셔야 합니다."

"알고 있습니다."

부자 동네 어느 회장과 필자와의 대화다.

부자와 빈자가 손을 잡을 수 있는 현실적인 대안으로 떠오르는 사회적 기업은 이 땅의 새로운 문화를 창출해낼 수 있을 것으로 기대된다. 재벌그룹의 지주회사를 사회적 기업으로 하겠다는 진짜 소설 같은 이야기가 이 땅에서 이루어지기를 바란다.

나눔과 행복

현재의 화폐가치로 환산해서 인류 역사상 최고의 부자들을 꼽자면 1위가 록펠러이고(300조 원 이상), 2위가 러시아 황제이다(200조 원 이상). 그리고 요즘 최고 부자인 카를로스 슬림(80조 원 이상)은 인류역사상 10~20등 정도에 들고, 한때 최고 부자였던 빌 게이츠(50조 원 이상)는 20등 밖으로 알려지고 있다. 큰 부자들이 부자되는 방법으로 사용한 것이 그 시대의 현상을 가장 잘 반영한 사업을 독점으로 한 것이다. 록펠러는 그 당시에 부의 상징이었던 석유 독점을 하였고, 슬림은 21세기의 대세인 통신 독점을 하였고, 빌 게이츠도 디지털 시대의 소프트웨어 독점을 하였다. 다른 부자들도 철도 독점이나 토지 독점으로 거부가 되었다.

세계 거의 대부분의 국가에서 불법으로 공격받는 독점을 할 수 있었던 이유는 그들이 그 산업에 최초로 진입하였다는 것과 사회적 관계를 활용했다는 것이다. 거부들은 그 당시에 일반인들이 생각 못하는 혜안을 가지고서 부의 흐름을 읽고 그때 꼭 필요한 산업에 뛰어들거나 혹은 자신들이 산업을 창조적으로 이끌어 나간 것이다. 요즘도 신규 기술을 개발하거나 도전정신으로 무장한 벤처기업이 새로운 것을 창안하는 경우에 마찬가지로 부를 이룩하게 된다. 전 세계에 수많은 고객을 확보한 인터넷 게임업체의 창업자들이 거의 전부 큰 부자의 반열에 올라설 수 있었던 우리나라의 경우도 '순간독점(1위를 유지하면서 후발 주자들도 막는 기간 동안의 독점)'을 통해서 부를 쌓았기 때문이다.

독점을 유지하려면 선두 주자가 무엇을 하는지를 예측하기 힘든 상황을 지속적으로 만들어가야 한다. 후발주자들에게 추격을 당할 수 있도록 쉽게 노출되어서는 부자 유지가 쉽지 않다. 스마트 폰으로 기업가치 1위로 올라서면서 큰 부를 이룩한 애플이 삼성전자에 턱 밑까지 추격을 허용한 것이 그것을 보여준다. 경쟁자들이 생각하지 못한 구조를 사전에 만들어서 경쟁조차 허용하지 않는 철학이 있어야 지속적인 부자가 될 수 있다.

일찍이 이것을 간파한 록펠러는 석유 경쟁업체들에게 접근해서 '팔든지 그냥 망하든지'를 요구했는데, 이 사례로 '지속독점(경쟁을 배제한 채로 1등을 오랜 기간 유지하는 독점)'의 비법을 록펠러가 미리 터득하고 있었다고 추측된다.

독점 이외에 큰 부자가 되는 데 절대적으로 필요한 것이 사회적 관계의 활용이다. 전 세계에서 가장 큰 부를 이루고 있는 중국 부자들과 유태인 부자들은 전부 사회적 관계를 적절히 활용하였다. 그들은 개인 독점이 아니라, 자기들끼리 집단 독점 그룹을 형성하고서 적절하게 자신들이 가지고 있는 부를 활용하여서 사회 시스템 전반을 오랫동안 통제하여 왔다. 중국의 관시(關係)가 그것이고, 미국 최고의 로비집행자인 유태인의 영향력이 그렇다. 물론 우리나라에서 재벌들이 사회적 관계를 철저하게 자신들의 부의 극대화를 유지하는 수단으로 활용하였다고 일부에서 지적을 받는 것도 비슷한 맥락이다.

디지털 시대에 들어서서 사회적 네트워크로 전 세계를 하나로 묶는 작업들이 진행되면서, 그 작업의 선두 주자들도 전부 거부가 되었다. 전 세계의 모든 지식을 가장 빨리 검색할 수 있는 구글을 창업한 창업자들과 전 세계의 거의 모든 오프라인 인간관계를 온라인에서 재현해 나가는 페이스북의 창업자도 사회적 관계로 수조 원, 아니 수십조 원의 재산을 비교적 쉽게 모을 수 있었다.

부는 어디로 튈지 모르며 스스로를 잡아먹으면서 자라는 속성이 있다. 인간의 기본적인 생활비용을 제외한 거의 모든 재산들은 일정 규모를 넘어서면 '소유주의 의지와 별 상관없이 스스로 커가는 경향'을 띤다. 사람들이 몰려들고, 지식 개발자들을 채용하고, 언론과 정부시스템을 통제하는 것이 가능해지면서 부가 스스로 추진되어 가는 것이다. 많은 경우, 소유주의 의식과 상관없이도 그 부에 관여된 사람들(소유주의 가족, 친인척, 측근, 소유주에게서 혜택을 받는 개인이나 조직)은 전부 하나의 연결된 고리를 형성하면서 큰 부를 유지하려고 한다.

여기에서 조금 더 욕심을 부리거나 직접적인 행동에 나서게 되면 불법으로 처벌받는다. 빌 게이츠가 미국 법정에 섰던 것이 그렇고, 우리나라의 재벌들이 시민단체들에게 고발당한 사례가 그렇다.

이룩한 부를 오랫동안 유지하려면 초기의 독점과 사회적 관계를 간접적으로 활용하면서 그 우산 아래에서 많은 경제적 궁핍자들과 사회적 약자들을 보살피는 배려가 있어야 한다. 워렌 버핏이 스스로 재산을 내놓겠다고 한 것이 그와 같은 같은 맥락이다.

부자가 소유하고 있는 재산이라도, 그중의 일부는 공익적인 측면과 관련되었다는 사실(독점의 해악을 보상해야 하는 측면, 사회적 관계를 악용한 것을 되갚아야 하는 상황)을 인정하고 '부의 따뜻한 우산을 사회에 내놓는 것' 이 아주 오랫동안 기억될 참된 부의 철학이다.

가난한 사람의 것을 빼앗는 나쁜 부자가 되지 마라

부자가 욕을 먹는 이유는 더 큰 부자가 되겠다고 가난한 사람들의 것을 빼앗기 때문이다. 집을 몇 채씩 가진 사람이 정부에서 가난한 사람들에게 제공하는 집을 가로채고, 재산을 전부 숨겨놓고 생활보호대상자 지원을 채가는, 그런 사악한 무리들은 죄질이 아주 나쁘다.

부자가 기본적으로 세상의 눈에 악하게 비치는 것은 부자가 되는 과정에서 대부분이 부자가 아닌 분들의 돈을 받기 때문이다.

부자의 돈을 받아서 부자가 되는 것이 아니다. 빈자의 돈을 받아서 부자가 되는 것이 일반적이다. 만두 가게를 열 곳 열면 전부 부자가 아닌 분들이 사 먹는다. 부자가 될 때 대부분 부자가 아닌 사람들의 돈을 받는다. 따라서 부자는 기본적으로 빈자들에게는 악한 면이 있다.

일단 부자가 된 다음에도 지속해서 가난한 사람들의 것을 받는 것은 문제가 있다. 왜? 가난한 사람들은 스스로 일어나기 힘들어서 그 상황에 있는 경우가 대부분이다. 그런데 구태여 그러한 분들의 것을 빼앗는 행위는 문제가 있는 것이다.

부자가 되면 더 큰 부자가 되려고 기초생활보호대상자나 혹은 생활 빈곤자 분들에게 해악을 끼치는 일은 절대로 하지 말아야 한다. 만약 그들에게 물건을 꼭 팔아야 하는 경우가 생기면 정가를 다 받으면 안 된다. 그들에게는 그냥 주든지, 혹은 기본 원재료비만 받는 것이 정당하다. 이미 자신들은 그들의 것을 받아서 부자의 반열에 올라섰기 때문이다.

세계적인 부자가 되고 싶으면 부자와 붙어서 부자의 것을 받아 더 큰 부를 이룩해라. 부자들은 가진 것의 절반을 잃어버려도 거의 문제가 없다. 따라서 절대로 부자들은 빈자의 것을 빼앗겠다는 생각을 가지면 안된다.

어느 부자 할머니는 이렇게 말했다.

"가난한 사람의 것을 빼앗는 사람들은 총살시켜야 한다." 나는 이 할머니를 여러 번 만났고, 너무나 감동적인 이 할머님의 생을 알기 때문에 과격한 표현의 진의를 이해할 수 있다.

우리나라 부자들은 기회가 되면 해외 부자들과 싸워서 벌어들여야지, 이 땅에서 가난한 사람들의 것을 빼앗으려는 시도를 하면 그것은 문제가 된다.

한국 밖으로 나가면 새로운 블루오션이 어디든지 있다. 중앙아시아에서, 아프리카에서, 남아메리카에서, 남극과 북극에서, 새로운 일을 할 수 있는 땅이 얼마든지 있는데 구태여 이 땅의 쪽방을 타깃으로 해야 할까?

쪽방에 투자했다가 고위 공직을 놓치신 분들은 국민들의 섭섭한 감정을 이해해야 한다.

05

명품을 갖는 게 성공이 아니다

"저희 어머니께서 가짜 보석을 손에 끼고 계셨을 때 주위의 거의 모든 사람들이 진짜 비싼 보석을 끼셨다고 부러워했지요."

필자가 일본 부잣집 아들과 한국의 일류 호텔 일식집에서 식사하며 들은 말이다. 필자는 한국의 재벌 집에서 일어난 비슷한 이야기를 했다.

"어느 재벌회장 사모님이 이미테이션 백을 지니고 계신 것을 보고 방문 온 꼬마 부자 사모님들이 이구동성으로 '진짜 명품 백은 달라요' 했답니다."

전 세계에서 명품백이 가장 많이 팔리는 곳은 일본, 한국, 중국과 몇몇 국가다. 특히 명품 마니아로 자칭하는 젊은 여성들과 일부 중년 여성들이 폼을 잡는 바람에 명품이 부자의 아이콘으로 알려졌다. 그런데 불행하게도 그것은 잘못된 관찰이다. 진짜 부자는 명품을 그렇게 많이 소유하지도 않고, 또한 한 번 사면 무척 오래 간직한다. 시할머니 때부터 내려오던 것을 손자며느리에게 물려주는 경우가 빈번하다. 장충동 사모님도 그렇고, 연희동 마님도 그렇다. 성북동 여주인과 한남동 여주인은 가끔 새것도 챙기지만.

실제 부자는 명품 마니아가 아니다. 그들의 목적은 수집이 아니라, 진짜 자신들이 좋아하는 브랜드를 일부 소유하는 것뿐이다.

필자가 1986년 박사과정을 위해 처음 미국에 갔을 때 조지아주립대에서 『이웃집 백만장자』란 책을 쓴 스탠릭 박사를 처음 만났다. 그는 미국 부자들은 명품 마니아가 아니라고 했다. 자신이 처음 부자 조사를 시작할 때 인터뷰한 부자들 중에 명품을 입고 온 사람은 단 한 명이었고, 나머지 부자들은 전부 수수한 차림이었다는 것에 깜짝 놀랐다고 했다.

우리나라에서 명품이 많이 팔리는 이유는 소유의 목적이 아니라, 부자처럼 보이겠다고 과시욕에 명품을 수집하는 사람들 때문이다. 신용카드 여러 개 긁어서 간신히 명품 하나 사고, 가짜 백 서너 개를 수집하는 아가씨들이 시중에 즐비하기 때문이다.

진짜 명품은 소형 럭셔리나 대중용 매스티지(masstige)하고는 다르다. 세계의 최고 명품 중 상당수는 국내에 들어와 있지도 않고, 가끔 들어온 것도 브랜드만 살짝 흘리는 정도다. 뉴욕 혹은 밀라노로 여행을 자주 다니는 일부 재력가의 여성들이 구입해서 여행용 가방에 둘둘 말아 들어온다.

부자가 되고 싶으면 명품을 수집할 생각을 하지 마라. 본인이 진짜 부자가 되면 명품이 아니더라도 주위에서 얼마든지 알아본다. 가짜로도 얼마든지 치장이 가능한 숙련된 부자(educated affluence : 필자가 개발한 말로, 제대로 교육된 진짜 부자를 말하는 것)가 되도록 노력해라. 진짜 부자는 속옷을 명품으로 하고, 겉옷은 이미테이션으로 입고 다닌다. 가짜니 위험을 당할 일도 별로 없다. 진짜 좋은 것은 자기 속으로 느끼면 된다는 생각을 한다.

06

부자와 빈자의 소통

평소에 사회 봉사를 많이 한 부자 톨스토이는 러시아혁명 때 해를 당하지 않았다. 수백 년 동안 주위에 좋은 일을 많이 한 경주 최부잣집은 동학혁명 때 폭도들이 그냥 지나쳤다. 전 세계에서 반부자 정서가 가장 강한 두 국가인 러시아와 한국에서 일어난 현상이다.

감자탕에 뼈를 추가시키기 전에 부모의 눈치를 보는 아이들의 서러움을 1,000원짜리 지폐를 본 적이 없다는 거부촌의 자녀들은 알 수가 없다. 해진 속옷으로 일 년을 버티는 사람들의 힘겨움을 브리오니(Brioni)를 두 손으로 당겨 입는 벤츠의 주인은 상상할 수가 없다.

진정한 사회통합은 빈자에서 출발해서 부자가 되고 나서, 과거의 자화상인 빈자들을 위해서 거의 모든 것을 내놓는 그러한 부자만이 수행할 수 있다. 그런 훌륭한 부자들이 이 땅에 우리와 같이 두 발을 딛고 있다는 사실이 흐뭇할 뿐이다.

산골에서 지게꾼 시절을 지낸 후 기업을 일궈서 회장 자리에 오르신 어느 분은 평생 14만 원짜리 양복 하나만을 입는데, 기회가 되는 대로 사회 곳곳에 자신의 온정을 듬뿍 베푼다. 둘이서 식사를 하다가 그 분의 접시에 불고기가 두 점이 남았는데 싸 달라고 하는 것을 보고서 필자도 한 점 남은 본인 접시의 불고기를 싸 달라고 한 적이 있다.

어느 학원 원장님은 같이 세 든 빌딩의 세입자들이 임대료를 잘 내지 말아야 집주인이 집세를 올릴 생각을 못할 것이라고 결의를 하는 것을 보았다. 그러나 남의 집세를 늦게 내는 것은 나쁜 일이라고 판단한, 독실한 불자인 학원 원장님은 빚을 내서 임대료를 꼬박꼬박 냈다. 그러자 빌딩 주인이 다른 세입자들을 모두 내보내고 아주 좋은 조건에 빌딩을 모두 학원으로 사용하게 해주어서 돈을 벌게 되었다고 한다. 그렇게 돈을 벌어들이고 있는데, 몹쓸 병에 걸려서 죽을 지경에 이르렀다. 이왕 죽는 것 좋은 일이나 하자고 국립묘지에 가서 성심껏 며칠 봉사했더니 죽을병이 싹 나았다고 필자에게 거짓말 같은 이야기를 해주었다.

맨손으로 주류 영업을 하느라 하루에 13차를 갔다는 사장님은 자신의 직원들이 적금을 타면 회사 돈으로 5퍼센트 정도의 보너스를 바로 준다고 자랑한다. 새벽 기도를 가기 위해서 새벽 4시에 집을 나서는 이 분은 정식 학교를 다녀 본 적이 없어서 배움에 굶주린 사람들을 무료로 가르치는 향토학교를 운영하고 있다.

자신이 졸업한 초등학교의 수천 명 졸업생들 중에서 자신만이 부자가 된 것 같다는 어느 회장님은, 가진 것이 아무것도 없어 다섯 번이나 매제를 찾아가서 조른 끝에 지원을 받아서 사업을 시작하였다. 회장님은 자신의 직원에게 부자 될 싹이 보일 때마다 수천만 원씩 지원하였더니 오히려 자신의 사업이 너무나 잘된다고 수년 동안 여러 번 필자에게 이야기했다.

교수에게 젓갈을 팔아서 학생들에게 장학금을 주는 한 할머니는 평생 모은 빌딩과 현금을 모두 학교에 헌납했다. 젓갈을 사야 상을 받겠다는 말에 필자는 젓갈을 한 움큼 샀다.

조간신문에 나오는 못된 부자들의 이야기가 아침 짜증을 유발하고, 피곤한 몸으로 켠 TV에서 흘러나오는 저녁뉴스는 나쁜 부자들의 숙인 얼굴을 보여준다. 그들이 나쁜 짓을 하는 것은 빈자에서 출발한 부자가 아니기 때문이다.

부자와 빈자의 진정한 소통은 우리나라의 전체 부자들 중에서 약 90퍼센트 정도에 달하는 맨손 부자들이, 자신의 마음을 열고 이룩한 부를 사회로 향하는 순간에 이루어진다. 곳곳에서 익명으로 이루어지는 좋은 일들은 우리나라가 좋은 나라라는 것을 보여준다.

여러분도 부자가 될 수 있다고 믿으셔야 합니다. 공짜 부자는 거의 없습니다. 또 혹시라도 그렇게 되면 금방 부자 지위를 박탈당합니다.

진짜 부자는 아주 오래 준비해서 열심히 그리고 창의적으로 생각과 행동을 하시는 분들입니다.

많은 분들이 나도 부자가 될 수 있다는 희망을 포기하시고 계신 것 같습니다. 워낙 가진 것이 없어서 부자가 못 된다는 선천빈곤의식을 버리시는 것이 좋습니다. 거의 모든 부자는 초기에 많이 가져서 된 것이 아니라, 신선하고 창조적인 정신을 밑천 삼아서 차츰 부자가 된 것입니다.

경제가 나빠서 부자가 되기 힘들다는 것도 사실과 약간 다릅니다. 부자는 경제가 좋을 때도 생기고, 경제가 나쁠 때도 생깁니다. 경제가 아무리 좋아도 부자가 못되는 사람들이 많습니다. 부자가 되는 것은 전체 경기와는 별로 상관이 없습니다. 개인적인 문제일 뿐입니다. 주식시장이 좋을 때는 누구나 다 조금씩은 웃으나 그래도 전부 부자가 되는 것은 아닙니다. 베어마켓(약세장)에서도 부자가 되는 분들이 있습니다.

미국에서 부자는 평균 20대에 시작해서 40대 후반에 되는 경우가 가장 많습니다. 우리나라에는 30대에 시작해서 50대 아니 60대에 된 경우들이 많습니다.

그러나 최근에 그것이 좀 당겨지고 있습니다. 어릴 때 시작해서 청년 때에 초기 부자가 되는 분도 계시고, 중년이 되면서 부자의 반열에 올라서는 분들도 계십니다.

중요한 것은 된다는 믿음을 잃지 않는 것입니다.

여러분도 될 수 있습니다. 꼭 될 수 있다고 믿으십시오.